지장보살 아미타불 관세음보살

내가 이제
지장보살 위신력을 보니

항하사겁 설하여도
다 말할 수 없네

잠시동안 보고 듣고
우러러 예배하여도

인간과 천상에
그 이익 한량없으리라

- 석가세존 -

지장보살의 대원(大願)을 찬탄하오며

　지장경은 서원과 발원의 경전입니다.
지장보살을 통해 서원과 발원의 의미가 무엇인지 바로 일깨워 주기 때문입니다.
　서원은 '중생구제'라는 맹세의 원을 일으켜 '기필코 목적을 달성하리라'는 마음이며, 발원은 발기서원(發起誓願)이니 모든 서원의 바탕이 되는, 원대한 뜻을 일으키는 마음입니다.
　오로지 중생들의 고통을 건져내 안락케 해 주는데 그 목적과 정신이 있을 뿐입니다.
　불교에 있어서 발심과 발원은 매우 중요합니다. 구경(究竟)의 성불과 중생구제는 이 발심으로부터 시작이 되고, 삼세(三世)의 모든 부처님께서도 본원(本願)의 발심을 통해 성불하셨기 때문입니다.

극락교주 아미타불의 48대원과 약사여래의 12대원, 보현보살의 10종 대원 등이 그것이며, 관세음보살의 대자대비와 지장보살의 크나큰 서원은 그 정점(頂點)에 있습니다.

원대한 발원의 거룩한 힘은 자비심에서 우러나오고, 그 자비심은 아낌없는 사랑으로 이끌어 주고 가여워 덮어주는 보살심에서 출발합니다.

발원은 자신의 성불보다 중생을 제도하겠다는 염원이 뚜렷하므로, 마음엔 온통 발고여락(拔苦與樂 : 고통을 없애고 즐거움을 줌)의 의지만이 있을 뿐입니다.

그러기에 지장보살은, '지옥에서 고통받는 모든 중생을 제도해 마치기 전에는 결코 성불하지 않으리라' 하셨고, 아미타불의 전신(前身)인 법장비구는 중생을 건지기 위해 마흔여덟가지의 크나큰 서원을 세우시고, 한가지라도 성취되지 않으면 성불하지 않겠다고 서원하여 마침내 극락정토의 교주가 되신 것입니다.

이 숭고하고 원대한 마음은 한결같이 중생구제를 위한 대자비의 맹세로 가득차 있으므로, 사람으로서 품을 수 있는 가장 수승한 정신이라 할 것입니다.

지장경은 지장보살님의 본생(本生 : 과거생의 수행인연) 서원과 중생구제의 대비행(大悲行)에 관한 중요한 경전입니다.

특히 지장경은 부처님께서 어머니 마야부인께 설법하시기 위해 친히 천상의 도리천궁으로 가신 일과, 지장보살께서 과거 전생에 지옥에 빠져 고통받고 계신 어머니를 위하여 '죄고 중생을 모두 제도하리라' 하고 서원하신 점에서, 부모님께 대한 효심(孝心)과, 모든 생명들에 대한 깊은 연민에서 우러나오는 발원과 서원이 얼마나 중요한가를 보여주고 있습니다.

관세음보살과 지장보살의 훌륭한 덕성(德性)을 품어 부처님의 일을 돕겠다는 좋은 마음을 낸다면, 가히 으뜸가는 삶이라 할 것입니다.

품고 있는 믿음과 발원의 견고함에 따라서 스스로의 복력도 점점 더하게 되니, 좋은 마음은 하늘의 보답이 따르기 때문입니다.

지장보살은 범어로 '크시티 가르바'이니, '크시티'란 대지(大地)를 뜻하고, '가르바'란 태(胎) 또는 자궁(子宮)을 뜻하여 '함장(含藏)'이라 번역합니다.

즉 땅이 일체 생명을 기르는 포용의 덕을 갖추고 있듯, 지장보살은 일체 생명을 보호하고 키워주시는 '대지의 어머니' 라는 의미입니다.

가히 지장보살은,
험난한 길을 이끄시는 큰 스승이요
어둔 세상을 비추는 지혜의 등불이시며
가난한 이들의 보배 창고이고
일체 생명의 자모(慈母)입니다.

십년 전, 관세음보살님의 은덕을 입어 내원암 비로보궁에 거처한 이후로, 지장보살로부터 친히 받은 시현(示顯)과 가르침의 두터운 은혜는 실로 수미산처럼 높고 바다같이 깊습니다.

일념으로 불보살님을 '생각하고 부르는 칭명염불(稱名念佛)' 이 바로 해탈이라는 것을 깊이 깨달았기에, 마음을 기울여 관음예문, 아미타경, 지장본원경을 깊이 신봉하였습니다.

관음예문을 지송함으로써 참회와 발원을 일으키고, 지장경을 지송함으로써 과연 우리의 삶이 어떠하고 어떻게 살아야 하는가를 바로 깨닫고, 아미타경을 지송함으로써 가장 쉬운 성불의 지름길을 밟게 되니, 이들 경전을 잘 수지독송(受持讀頌)하고 실행한다면, 반드시 큰 뜻을 이룰 것입니다.

　아미타불 관세음보살 지장보살은 우리가 가야할 길을 인도해 주시는 분이기 때문입니다.

　좋은 인연으로 큰 뜻 이루소서!

　　불기 2561(2017)년 음 3월 18일 지장재일
　　　태화산 마곡사 내원암 항순(恒順) 씀

차 례

- 지장보살의 대원(大願)을 찬탄하오며 …… 3
- 지장보살 찬탄송 …… 10
- 본원경 독송 …… 12
- 제1장 도리천궁 신통품 …… 14
- 제2장 분신집회품 …… 39
- 제3장 관중생업연품 …… 47
- 제4장 염부중생업감품 …… 60
- 제5장 지옥명호품 …… 88
- 제6장 여래찬탄품 …… 98
- 제7장 이익존망품 …… 119
- 제8장 염라왕중찬탄품 …… 131
- 제9장 칭불명호품 …… 151
- 제10장 교량보시공덕연품 …… 160

- 제11장 지신호법품 ········· 169
- 제12장 견문이익품 ········· 176
- 제13장 촉루인천품 ········· 197
- 츰부 다라니 ········· 209
- 지장경 요지(要旨)해설 ········· 212
- 어려운 용어 해석 ········· 215
- 원문(한문) 지장경 ········· 231
- 영험록 ········· 384

지장보살 찬탄송(讚歎頌)

계 수 본 연 정 심 지
稽首本然淨心地
법계 본연의 맑은 심지와

무 진 불 장 대 자 존
無盡佛藏大慈尊
다함없는 공덕장이신 대자존께 머리 숙이옵니다.

남 방 세 계 용 향 운
南方世界湧香雲
남방세계에 향기로운 자비구름 일어

향 우 화 운 급 화 우
香雨花雲及花雨
진리의 감로 내리고, 하늘엔 꽃비로 장엄하였네.

보 우 보 운 무 수 종
寶雨寶雲無數種
무량한 대자비의 보배 구름이

위 상 위 서 편 장 엄
爲祥爲瑞徧莊嚴
상서롭게 하늘과 땅을 두루 덮으니

천 인 문 불 시 하 인
天人問佛是何因
천중이, '이 무슨 조짐인가' 부처님께 물었네.

불 언 지 장 보 살 지
佛言地藏菩薩至
부처님 말씀하시길, '지장보살이 이르른 까닭이니라.'

삼 세 여 래 동 찬 앙
三世如來同讚仰
삼세의 여래께서 함께 우러러 찬탄하시고

시 방 보 살 공 귀 의
十方菩薩共歸依
시방의 모든 보살께서 귀의하셨네.

아 금 숙 식 선 인 연
我今宿植善因緣
이 몸은 오랜겁으로부터 선근 인연을 심었사오니

칭 양 지 장 진 공 덕
稱揚地藏眞功德
지장보살님의 위대한 공덕을 드높이 날리옵니다.

광 도 장 필 증 보 리
廣度將畢證菩提
'널리 일체 중생을 제도한 연후에 열반에 들리라' 하신,

지 장 보 살 본 원 경
地藏菩薩本願經
지장보살 본원경을 높이 받드옵니다.

지장보살 본원경 독송

삼계의 부처님께 머리숙여 예하옵고
　　계수삼계존(稽首三界尊)

지장왕 보살님께 귀명하옵니다.
　　귀명지장왕(歸命地藏王)

제가 이제 큰 서원을 발하오며
　　아금발홍원(我今發弘願)

이 지장본원경을 받아 지니옵니다.
　　지차지장경(持此地藏經)

위로는 부모 스승 이웃 삼보님의 은혜 갚고
　　상보사중은(上報四重恩)

아래로는 지옥 아귀 축생을 구제하겠나이다.
　　하제삼도고(下濟三途苦)

만약 이 지장경을 보고 들은이는
    약유견문자(若有見聞者)

모두 함께 큰 서원을 발하소서!
    실발보리심(悉發菩提心)

위 없이 깊고 깊은 미묘법은
    무상심심미묘법(無上甚深微妙法)

백천만겁 지나도록 만나보기 어려웁네.
    백천만겁난조우(百千萬劫難遭遇)

내가 이제 듣고보아 믿어받아 지니오니
    아금문견득수지(我今聞見得受持)

원컨대 부처님의 진실한 뜻 알아지이다.
    원해여래진실의(願解如來眞實義)

지장보살 본원경

제1, 도리천궁 신통품
忉利天宮 神通品

(도리천궁에서 신통을 나타내는 품)

이와 같이
나는 들었다.

한 때에 부처님께서
도리천궁에서 어머니 마야부인을
위하여 법을 설하셨다.
그때 시방의 한량없는 불보살님께서
도리천궁에 오시어 찬탄하시기를,

"석가모니 부처님은 오탁악세에서
지혜와 신통력을 보이시어
억세고 거친 중생들을 조복하여
즐거움과 괴로움의 도리를
알게 하신다." 하고
모두 시자를 보내시어
세존께 문안을 드리게 하였다.

이때 부처님께서
웃음을 머금으시고 백천만억의
큰 광명을 놓으셨으니 이른바,
대원만 광명이요,
대자비 광명이요,
대지혜 광명이요,
대반야 광명이요,

대삼매 광명이요,
대길상 광명이요,
대복덕 광명이요,
대공덕 광명이요,
대귀의 광명이요,
대찬탄 광명이었다.

이러한 말로 할 수 없는
광명을 놓으시고는 다시
여러가지 미묘한 음성을
내셨으니 이른바,

보시바라밀 법문이요,
지계바라밀 법문이요,
인욕바라밀 법문이요,

정진바라밀 법문이요,
선정바라밀 법문이요,
지혜바라밀 법문이요,
자비희사의 법문이요,
무루해탈의 법문이요,
사자후의 법문이요,
큰 우뢰의 법문이었다.

이러한 말로는 다할 수 없는
소리를 내시니 허공천지
무량억수의 천신과 용, 귀신들도
도리천궁으로 모여 들었다.

이른바 사천왕천 · 도리천 ·
수염마천 · 도솔타천 · 화락천 ·

타화자재천·범중천·범보천·
대범천·소광천·무량광천·
광음천·소정천·무량정천·
편정천·복생천·복애천·
광과천·엄식천·무량엄식천·
엄식과실천·무상천·무번천·
무열천·선견천·선현천·
색구경천·마혜수라천 내지
비상비비상처천의 온갖 하늘 무리며,
용의 무리, 귀신 무리들까지
모여 들었다.

뿐만 아니라 타방국토와
사바세계의 바다의 신, 강의 신,
하천의 신, 나무의 신, 산의 신,

땅의 신, 못의 신, 곡식의 신,
낮의 신, 밤의 신, 허공의 신,
하늘의 신, 음식신, 초목신 등
모든 신들이 법회에 모여 들었으며,
더불어 눈 부릅뜬 귀왕, 피 먹는 귀왕,
정기먹는 귀왕, 태와 알을 먹는 귀왕,
병을 퍼뜨리는 귀왕, 자비한 귀왕,
독기를 물리치는 귀왕,
복을 베푸는 귀왕들도
법회에 참석하였다.

이때 석가모니 부처님께서
문수사리 법왕자 보살마하살께
말씀하셨다.
"그대는 저 모든 불보살과 이 도리천궁에

운집한 천신과 용과 귀신무리들의 수효를 알겠는가?"

문수사리 보살께서 말씀드렸다.

"세존이시여!

저의 신력으론 천겁을 두고 헤아린다 하더라도 그 수를 알 수 없나이다."

부처님께서 말씀하셨다.

"내가 부처의 눈으로 보더라도 오히려 다 헤아리지 못하리라!

이들은 모두 지장보살이 오랜 세월동안 이미 제도했거나 지금 제도 중이거나 앞으로 제도할 이들이며, 이미 성취시켰거나 지금 성취중이거나, 앞으로 성취시킬 이들이니라."

문수사리 보살께서
부처님께 아뢰었다.
"세존이시여!
저는 과거로부터 오랫동안 선근을 닦아서 걸림없는 지혜를 증득하였으므로, 부처님의 말씀을 듣고 믿사오나 수행이 작은 성문과 천·룡·팔부와 미래세의 중생들은, 비록 부처님의 진실한 말씀을 듣더라도 반드시 의혹을 품을 것이며, 설사 받아 지니더라도 다시 비방함을 면치 못하오리다.

바라건대 세존께서는
지장보살님이 처음 수행할 적에 어떠한 수행을 닦았으며, 어떠한 서원을 세웠기에 이러한 불가사의한 일을 성취하였는지 자세히 말씀해 주소서."
부처님께서
문수사리보살께 말씀하시되,
"비유하건대
삼천대천 세계에 가득한
초목과 돌과 모래등
모든 티끌수 만큼
갠지스강의 모래밭이 있다 하고,
그 많은 항하의
모래수 만큼의 세계가 있으며,
그 숱한 세계의
한 티끌을 일겁으로 치고,
그 모든겁 동안에
쌓인 티끌수 만큼의
겁이 있다 할지라도,

지장보살이
십지과위를 증득한 이래
교화한 이의 숫자는
위에서 비유하여 말한 숫자보다
천배는 많느니라.
하물며 지장보살이 성문이나 벽지불의 지위에 있던 동안 교화한 이들까지를 어찌 다 헤아릴 수 있겠느냐!

문수사리여!
지장보살의 위신력과
서원은 불가사의 하나니,
만약 미래세의 선남자 선여인이
지장보살의 이름을 듣고 찬탄하거나,
우러러 보고 예배하거나

명호를 부르거나 공양을 올리거나,
형상을 그림으로 그리거나 조성하여 모시면, 이 사람은 마땅히 도리천에 백번이나 태어나 영원히 악도에 떨어지지 않으리라.

문수사리여!
지장보살 마하살은
무량겁전에 큰 장자의 아들로
태어났느니라.
　그때 세상에는 '사자분신구족만행여래(獅子奮迅具足萬行如來)'라는 부처님이 계셨는데, 장자의 아들은 부처님의 상호가 천복으로 장엄되어 있음을 보고 부처님께 여쭈었느니라.
'세존께서는

어떤 서원을 세워 수행하셨기에
이러한 상호를 얻으셨나이까?'
부처님께서는
장자의 아들에게 이르셨느니라.
'이와 같은 몸을 이루고자 하거든 마땅히
오랜 세월동안 고통받는 모든 중생들을
건져 주어야 하느니라.'

문수사리여!
그때 장자의 아들은
바로 큰 서원을 세웠느니라.
'미래겁이 다하도록 육도(六道)세계 죄고중생
을 모두 해탈시킨 연후에 성불하겠나이다.'
그로부터 지금까지 무량겁이 지났건만 지장
보살은 끝없는 보살행을 닦고 있느니라.

또 과거 무량겁전에
부처님이 계셨으니 명호가
'각화정자재왕여래(覺華定自在王如來)'요,
수명은 사백천만억 아승기겁이며
그 부처님께서 열반하신 뒤,
상법시대에 한 바라문의 딸이
있었느니라.

그녀는 과거 여러생 동안 깊고 두터운 복을 심었기에 여러 사람들로부터 흠모와 존경을 받았으며, 어느곳을 가거나 머물거나 앉거나 눕거나 하늘이 그를 지켜 주었느니라.

그러나 그의 어머니는 삿된것을 믿고 항상

불·법·승 삼보를 업신 여겼더니라.
딸은 어머니가 바른 생각을 갖도록 하였으나 어머니는 온전한 믿음을 내지 못하였고, 오래지 않아 목숨이 다해 혼신은 무간지옥에 떨어졌느니라.

바라문의 딸은
어머니가 세상에 계실때
인과를 믿지 않고, 악업을 지었으므로 필경 악도에 떨어졌으리라 생각하고, 좋은 향과 꽃이며 여러 공양구를 두루 구하여, '각화정자재왕여래'의 탑전에 크게 공양을 올렸느니라.

그때 바라문의 딸은

법당 안 '각화정자재왕여래'의 위용이 장엄하신 것을 보고, 우러러 공경 예배하고 생각하였느니라.

'부처님께서는
큰 깨달음을 이룬 분이시니
온갖 지혜를 갖추셨으리라.
부처님께서 세상에 계셨을때
어머니가 가신곳을 여쭈었다면
반드시 일러 주셨으리라.'

하면서 부처님을 우러러보고 울면서 기도를 하고 있을때, 홀연히 공중에서 소리가 들려 왔느니라.

'울고 있는 성녀여!
너무 슬퍼하지 마라.

네 어머니가 간 곳을 일러 주리라.'

바라문의 딸은 공중을 향하여 합장하고 아뢰었느니라.
'그 어떤 신묘한 덕을 갖추신 분이기에 저의 근심을 풀어 주시옵니까?
어머니를 잃은 뒤 밤낮으로 생각하였사오나 어머니가 가신곳을 물을 곳이 없었나이다.'

그때 다시 공중에서
소리가 들렸느니라.
'나는 너의 지극한 절을 받은
'각화정자재왕여래' 니라.
네가 어머니를 생각하는 마음이 다른 이들

보다 배나 더하기에 특별히 일러 주노라.'

  이 소리를 듣고 바라문의 딸은 감격하여 몸을 땅에 부딪쳐 온몸이 상하므로, 주위의 사람들이 부축하니 겨우 정신을 차려 공중을 향해 아뢰었느니라.
'부처님이시여!
바라옵건대
저를 불쌍히 여기시어
어머니가 태어난 곳을
일러 주옵소서.'

그 때
'각화정자재왕여래' 께서 말씀하시기를,
'너는 곧 집으로 돌아가서

단정히 앉아 나의 명호를 생각하여라.
그리하면 네 어머니가
태어난 곳을 알게 되리라.'
바라문의 딸은 집으로 돌아와서,
단정히 앉아 어머니를 떠올려
'각화정자재왕' 부처님을 염불하며
하루 밤낮을 기도하자,
홀연히 자신이 한 바닷가에
와 있음을 알게 되었느니라.

자세히 보니 그 바닷물은 펄펄 끓고 있었고, 주위에는 쇠몸의 사나운 짐승들이 바다위를 날아 다니기도 하고, 바닷속에 빠져있는 수많은 남녀들을 다투어 잡아먹고 있었느니라.

또 보니 험상궂은 야차들은 눈과 머리가 여럿이고 손과 발도 여럿이며, 입 밖으로 삐쳐나온 어금니는 날카로운 갈고리 같았느니라.

야차들은 죄인들을 사나운 짐승 가까이로 몰아주고 거칠게 움켜잡아 때리기도 하며, 머리와 발을 엮어 괴롭히는 그 모습은 천만 가지라 차마 눈뜨고 볼 수가 없었더니라. 그러나 바라문의 딸은 부처님을 생각하는 힘으로 아무런 두려움이 없었느니라.

여기에 무독귀왕(無毒鬼王)이 있어서 머리를 조아려 성녀(聖女)를 맞으며 말했느니라.
'장하십니다.
보살께서는 어떤 인연으로 이곳까지 오셨

습니까?'

'이곳은 어떤 곳입니까?'

'이곳은 대철위산(大鐵圍山) 서쪽에 있는 첫 번째 바다입니다.'

'철위산 안에는 지옥이 있다는데 그것이 사실입니까?'

'참으로 지옥이 있습니다.'

'내가 지금 어떻게 해서 이곳까지 오게 되었습니까?'

'부처님의 위신력이 아니면 업력 때문입니다. 이 두 가지 인연이 아니면 결코 여기에 올 수가 없습니다.'

성녀가 다시 물었느니라.

'저 물은 어떤 연유로 저렇게 끓어 오르며,

저 많은 죄인과 험악한 짐승들은 어떻게 된 것입니까?'

무독귀왕이 말하기를,

'이곳은 인간세상에서 악업을 지은 중생가운데, 사십구일이 지나도록 망자를 위해 공덕을 지어주는 이가 없거나, 생전에 선행을 닦은바가 없으면, 지은업을 따라 지옥에 떨어지게 되어 먼저 이 고통바다에 오게 됩니다.

이 바다 동쪽으로
십만 유순(由旬)을 지나면
또 한 바다가 있으니
그곳의 고통은 여기의 배가 되며,
그 바다 동쪽에 또 한 바다가 있으니

그곳의 고통은 다시 그 배가 됩니다.
이 세 바다에서의 고통은 몸과 말과 뜻으로
지은 악업 때문에 스스로 받는 것이므로,
모두 업의 바다라 하며 바로 여깁니다.'

성녀(聖女)가 다시 묻기를,
'지옥은 어디에 있습니까?'
무독귀왕이 대답하길,
'저 세 바닷속이 대지옥이요,
그 지옥의 수는 백천이나 되며
각각 차별이 있습니다.
큰 지옥이 열 여덟이고
다음으로 오백이 있고
그 다음으로 천백이나 있는데,
그 지독한 고초는 한량이 없습니다.'

성녀(聖女)가
무독귀왕에게 묻기를,
'저의 어머니가 돌아가신지 얼마되지 않았는데 어느곳에 계신지 알 수 없겠습니까?'
'보살의 어머니는 생전에
어떤일을 하셨습니까?'
'저의 어머니는 그릇된 소견으로 삼보를 비방하였고, 설혹 잠시 믿다가도 이내 공경치 않았습니다.
돌아가신지 오래지 않은데 태어나신 곳을 알 수 없겠습니까?'
'보살의 어머니는 성씨가 무엇입니까?'
'저의 부모는 모두 바라문 종족으로 아버지의 이름은 시라선견(尸羅善見)이요, 어머니의 이름은 열제리(悅帝利)입니다.'

무독귀왕이
합장하여 머리를 조아리며
성녀에게 말하기를,
'바라건대 성자께서는
조금도 근심하지 마시고
집으로 돌아가소서!
죄인이었던 어머니가 천상에 태어난지 삼일이 되었습니다.
효순한 자손이 어머니를 위하여 '각화정자재왕' 부처님께 공양을 올리고 복을 닦은 공덕으로, 보살의 어머니뿐만 아니라 그날 무간지옥에 있던 죄인들 모두가 함께 천상에 태어나 낙을 누리게 되었습니다.'

무독귀왕이 말을 마치고는 합장하여 물러

가니, 꿈결같이 집으로 돌아온 바라문의
딸은 이 일을 크게 깨닫고,
'각화정자재왕' 부처님께 나아가서
크고 넓은 서원을 세우기를,
'맹세하옵나니,
저는 미래겁이 다하도록
죄고에 허덕이는 중생들에게
널리 방편을 베풀어
해탈케 하오리다' 하였느니라."

부처님께서
문수사리보살께 이르시길,
"그때의 무독귀왕은 지금의 재수(財首)보살이며, 바라문의 딸은 지금의 지장보살이니라."

제2, 분신집회품
分身集會品
(지장보살의 분신들이 법회에 모이는 품)

그때 생각으로 헤아릴 수 없고
말로 할 수 없는 무수한 세계와,
지옥에 몸을 나투셨던
지장보살님의 분신들이
도리천궁으로 모여들었다.
이와 함께 부처님의 위신력으로 업의 굴레
에서 벗어나 해탈을 성취한,
천만억수의 무리들이 향과 꽃으로

부처님께 공양을 올렸다.

그들은 모두 지장보살의 교화로 위없는 바른 깨달음에서 물러나지 않게 된 이들이었다.

이들은 장구한 겁으로부터
생사의 고해에서 육도(六道)를
윤회하며 쉴틈도 없이 고초를 받다가,
지장보살의 대자비로 모두 깨달음을 증득하고 도리천궁에 이르러, 뛸듯이 기쁜 마음으로 부처님을 우러르며 잠시도 한눈을 팔지 않았다.

그때 세존께서 금빛 팔을 드시어
지장보살의 모든 분신들의 이마를
어루만지시며 말씀하셨다.

"내가 오탁악세에서 억세고 거친 중생들을 교화하여, 마음을 바로잡아 삿된것을 버리고 바른길로 돌아오도록 하였것만, 열에 하나 둘은 아직도 악습에 빠져 있느니라.
그러므로 나는 천 백억의 분신을 나타내어 널리 방편을 베풀어 교화하나니,

근기가 뛰어난 이는
법을 들으면 곧 믿어 지니며,
좋은 과보를 지닌 이는
부지런히 권하면 성취하고,
어둡고 둔한 이는
오래도록 교화하면 비로서 돌아오고,
업이 무거운 이는

우러러 공경하는 마음을
내지 않기도 하느니라.
이렇듯 중생의 무리는 각기 차이가 있으므로, 여러가지 모습의 분신을 나타내어 그들을 제도하느니라.

때로는 남자의 몸을 나타내기도 하고
여자의 몸을 나타내기도 하며,
때로는 천룡의 몸을 나타내고 귀신의 몸을 나타내기도 하며,
때로는 산·숲·내·강·못·샘·우물의 모습을 나타내어 사람을 이롭게 하여 제도하며,
때로는 제석천왕·범왕·전륜왕의 몸이나, 거사·국왕·재상·관리의 몸을 나타

내며,
때로는 비구·비구니·우바새·우바이의 몸이나, 성문·아라한·벽지불·보살의 몸을 나타내어 제도하나니, 단지 부처의 몸만을 나타내는 것이 아니니라.

　나는 여러 겁을 두고 부지런히 노력하여 거칠고 교화하기 어려운 죄고 중생들을 제도하였으나, 그 중에는 아직도 나쁜 마음을 다스리지 못해 악도에 떨어진 이들이 있으니,
그대는 내가 이 도리천궁에서 간절히 부촉한 것을 생각하여, 사바세계에 미륵불이 오실때까지 중생들을 모두 해탈케하여, 장차 미륵불을 만나 뵙고 수기를 받도록

할지니라."

이때 모든 세계에서 모인
지장보살의 분신들이
다시 한 몸이 되어,
애절한 마음으로 눈물을 흘리며
부처님께 아뢰었다.
"세존이시여!
제가 구원겁으로부터
부처님의 인도하심을 입어,
불가사의한 신통력과
대지혜를 갖추었나이다.
저는 저의 분신으로 하여금 백천만억 항하의 모래알같이 많은 세계마다, 백천만억의 몸을 나투어 한 분신이 백천만억 사람을

제도하고,
삼보에 귀의하게 하여 영원히 생사의 고통을 여의고 열반의 기쁨에 이르도록 하겠나이다.
다만 불법 속에서 티끌만큼이라도 착한 일을 하면 제가 점차 교화하여 큰 이익을 얻도록 하겠나이다.

세존이시여!
오직 바라오니
후세의 악업중생에 대해서는
염려하시 마옵소서!"
이와 같이 부처님께 세번을 말씀 드리자 부처님께서는 지장보살을 찬탄하셨다.
"장하고 장하도다!

내가 그대를 기쁘게 하리라!
그대는 능히 아득히 먼 겁으로부터
세운 큰 서원을 성취하여,
널리 중생을 제도한 연후에
곧 성불하리라!"

제3, 관중생업연품
觀衆生業緣品
(중생들의 업연을 살피는 품)

그때 부처님의 생모이신
마야부인이 공손히 합장하여
지장보살께 여쭈었다.
"성자시여!
염부제(사바세계) 중생이 짓는
갖가지 업과 그에 따라 받는
과보는 어떠하나이까?"
지장보살께서 대답하셨다.

"천만세계 모든 국토에
지옥이 있기도 하고 없기도 하며,
여인이 있기도 하고 없기도 하며,
불법이 있기도 하고 없기도 하며,
성문과 벽지불이 있기도 하고
없기도 하듯, 지옥의 죄보도
한 가지만 있는것은 아닙니다."

마야부인이
지장보살께 다시 여쭈었다.
"바라옵건대 죄업을 지어받는
과보에 대해 듣고자 하옵니다."
"성모(聖母)시여 잘 들으소서!
제가 대강 말씀드리겠습니다."
"성자시여!

어서 말씀하여 주옵소서."
"염부제의 죄보를 말씀하면 이러합니다.

어떤 중생이 부모에게 불효하고 살해까지 하였다면, 당연히 무간지옥에 떨어져 천만억겁이 지나도록 벗어날 기약이 없습니다.

어떤 중생이 부처님 몸에 피를 내거나 삼보를 비방하고 경전을 공경하지 아니한다면, 이 또한 마땅히 무간지옥에 떨어져 천만억겁이 지나도록 벗어날 기약이 없게 됩니다.

또한 어떤 중생이 사찰의 재물을 훔치거

나 손해를 끼치고 비구·비구니를 더럽히며, 절 안에서 함부로 음행을 하거나 생명을 죽이고 해친다면,

이러한 무리도 당연히 무간지옥에 떨어져 천만억겁이 지나도록 벗어날 기약이 없습니다.

또 어떤 중생이 마음은 사문(승려)이 아니면서 거짓으로 승려의 형상을 취해, 절의 재물을 함부로 사용하고 신도를 속이며, 계율을 어겨 갖가지 나쁜 죄를 지으면, 이러한 무리들도 마땅히 무간지옥에 떨어져 천만억겁이 지나도록 벗어날 기약이 없습니다.

그리고 어떤 중생이 승가의 물건을 훔치

거나 재물·곡식·음식·의복 가운데, 한 가지라도 주지 않은것을 취하면, 이러한 무리들도 당연히 무간지옥에 떨어져 천만 억겁이 지나도록 벗어날 기약이 없습니다.

성모시여!
어떤 중생이라도 이와 같은 죄를 지으면 마땅히 오무간(五無間) 지옥에 떨어져, 잠깐 고통을 쉬고자 하여도 그 뜻을 이룰 수 없습니다."

마야부인이
거듭 지장보살께 여쭈었다.
"어떠한 곳을 무간지옥이라고
이름하나이까?"

지장보살께서 대답하셨다.
"성모시여!
모든 지옥은
대철위산 안에 있습니다.
그 가운데 대지옥이
열여덟 곳이 있으며,
그 다음의 지옥이
또 오백 곳이 있어
이름이 각각 다르며,
또 그 다음의 지옥이
천백이나 있는데 역시
이름이 각각 다릅니다.

무간지옥은 성 둘레가 팔만여리가 되고, 그 성은 순전히 쇠로 만들어 졌으며, 성의

높이는 일만리이고,
성 위에는 불무더기가 빈틈없이 타오르고 있으며, 그 지옥의 성 안으로 또다른 지옥이 서로 이어져 있는데 그 이름도 각각 다릅니다.

   그 가운데 특별한 무간지옥이 있는데, 그 지옥의 둘레는 일만 팔천리요 담장의 높이는 일천리이며,
위의 불은 밑으로 타 내려오고 밑의 불은 위로 솟구치며, 쇠몸의 뱀과 개가 불을 뿜으며 담장위를 동서로 쫒아 다닙니다.
그 내부에는 넓이가
일만리나 되는 큰 평상이 있는데,
그곳에서는 한 사람이 죄를 받아도 그 몸

이 평상위에 가득차고,
천만 사람이 죄를 받을때도 또한 각기 자기 몸이 평상에 가득차는 것을 보게 되니,
여러 죄업으로 인하여 받게되는 과보가 이와 같습니다.

또 모든 죄인은
온갖 고통을 두루 받게 됩니다.
그곳에 있는 백천 야차와 악한 귀신들의 어금니는 칼날과 같고, 눈빛은 번개와 같으며, 손은 구리쇠 손톱입니다.
그들은 죄인의 창자를 빼내 토막쳐 자르며, 어떤 야차는 큰 쇠창으로 죄인의 몸을 찌르거나 입과 코를 찌르며,
배와 등을 찔러서 공중에 던졌다가 다시

받아 평상위에 놓기도 합니다.

또한 쇠독수리는 죄인의 눈을 쪼아 먹고, 쇠뱀은 죄인의 목을 감아 조이며, 온몸 마디마디에 긴못을 내리박고 혀를 뽑아내 쟁기삼아 갈고,
구리 쇳물을 입에 붓기도 하며, 뜨거운 철사로 몸을 감는등 만번 죽였다가 살렸다가 합니다.
죄업으로 받는 과보가 이러한데 억겁을 지내도록 벗어날 기약이 없습니다.

그러다가 이 세계가 무너질 때는
다른 세계로 옮겨가게 되고,
그 세계가 무너지면

또 다른 세계로 옮겨가다가,
이 세계가 다시 이루어지면
이 세계로 또 오게 됩니다.
무간지옥의 죄보는
그 내용이 이와 같습니다.

　또한 업으로 인해 느끼는 것이 다섯 가지가 있어 오무간(五無間)이라 이름하는데, 그 다섯가지는 다음과 같습니다.

　첫째로 여러 겁을 지낼지라도 밤낮으로 고초 받음이 잠깐 동안도 끊일 사이가 없으므로 무간이라 하며,

　둘째로 한 사람만 있어도 가득히 차고

많은 사람이 있어도 가득차므로 무간이라
하며,

　셋째로 형벌을 다루는 기구로 쇠방망
이·독수리·뱀·늑대·개·맷돌·톱·도
끼·가마솥 끓는물·쇠그물·쇠사슬·쇠
나귀· 쇠말 등이 있으며,
생가죽으로 목을 조르고
뜨거운 쇳물을 몸에 부으며,

굶주리면 쇠구슬을 삼키고,
목마르면 뜨거운 쇳물을 마시게 하기를
해가 다하고 겁이 다하여,
무량세월이 지나도록 받는 고초가 잠시도
끊일 사이가 없으므로 무간이라 하며,

넷째로 남녀노소와 왕과 신하의 귀하고 천하거나, 하늘 사람과 귀신까지라도 스스로 지은 죄업은 똑같이 받으므로 무간이라 하며,

다섯째로, 만약 이 지옥에 떨어지면 처음 들어갔을 때부터 백천겁에 이르도록, 하룻밤낮 사이에 만번 죽고 만번 살아나되, 잠시만 쉬고자 하여도 쉴 수가 없습니다. 오직 업이 다해 다른곳에 태어나기 전엔 고초가 끊이지 않으므로 무간(無間)이라 하는 것입니다.

성모시여!
무간지옥에 대한것을 대강 말하자면 이와

같으며, 만약 지옥의 형벌을 다루는 기구 등의 이름과 그 모든 고통을 상세히 말하자면, 한 겁 동안이라도 다 말할 수가 없습니다."

마야부인은 이 말을 듣고 근심어린 얼굴로 합장 정례하며 물러갔다.

제4, 염부중생업감품
閻浮衆生業感品

(사바세계 중생들이 업보를 받는 품)

이때 지장보살마하살이
부처님께 아뢰었다.

"세존이시여!
제가 부처님의 위신력을 입은 연고로 두루 백천만억 세계에 수많은 분신을 나투어 모든 업보중생을 제도하고 있나이다.
만약 여래의 대자비 위신력이 아니라면 저

는 능히 이와같은 변화몸을 나투지 못할 것이옵니다.
제가 이제 부처님의 부촉(付囑)하심을 입사와 미륵불께서 오실때까지 육도중생을 해탈케 하오리니, 바라옵건대 세존께서는 염려하지 마시옵소서!"

그때 부처님께서
지장보살에게 이르셨다.
"모든 중생들이 해탈을 얻지 못하는 것은, 마음가짐이 한결같지 못하여 습관으로 선악업을 짓기 때문이니라.
그리하여 좋고 나쁜 과보로
육도세계를 윤회하되 잠시도
쉴 사이가 없느니라.

티끌수 같은 세월이 지나도록
미혹하여 장애와 액난을 받는것이,
마치 물고기가 그물안에 있으면서도
흐르는 물속에 있는 줄로만
아는것과 같나니,
벗어났다가는 들어가고
잠시 나왔다가는 또다시 장애와
액난의 그물에 걸리고 마느니라.

내가 이러한 무리들을
근심하고 염려하였더니,
그대가 이미 아득한 옛적에 세웠던 원을
여러겁을 내려오면서 거듭 서원을 하여,
이들 죄업 중생의 무리들을 제도하리라 하니 내가 다시 무엇을 염려하리요."

부처님께서 이렇게 말씀하시자,
법회에 참석하고 있던
정자재왕(定自在王) 보살마하살이
부처님께 아뢰었다.
"세존이시여!
지장보살께서 아득한 옛적부터 어떤 훌륭한 서원을 세웠기에, 이렇게 세존의 은근하신 찬탄을 받게 되나이까?
바라옵건대 세존이시여,
간략히 말씀하여 주옵소서!"

그때 세존께서
정자재왕보살에게 말씀하셨다.
"자세히 듣고 자세히 들어라.
잘 생각하고 명심하여라.

그대를 위해 분별하여 설명하리라.
지나간 한량없는
아승기 나유타 불가설 겁전에
한 부처님이 계셨으니,
명호는 일체지성취(一切智成就)여래·
응공(應供)·정편지(正遍知)·
명행족(明行足)·선서(善逝)·
세간해(世間解)·무상사(無上師)·
조어장부(調御丈夫)·천인사(天人師)·
불세존(佛世尊)이시며 수명은
육만겁이었느니라.

 그 부처님께서 출가하시기 전에는 작은 나라의 왕이었으며, 이웃나라의 왕과 벗이 되어 함께 열가지 착한일을 행하여 중생들을 이롭게 하였느니라.
그러나 이웃나라의 백성들이 여러가지 악을 많이 지으므로, 두 왕은 의논하여 방편을 베풀어 그들을 가르쳤느니라.

그때 한 왕은 서원을 세우기를,
'어서 성불하여 이 중생들을
모두 제도하리라.' 하였고,

다른 왕은 서원을 세우기를,
'이 모든 중생들을
제도하기전엔 결코 성불하지
않으리라' 하였느니라.

속히 성불하기를 발원한 왕은

곧 일체지성취 여래이시며,
죄많은 중생들을 제도하지 아니하면
결코 성불하기를 원치 않는다고
발원한 왕은 곧 지장보살이니라."

부처님께서는
정자재왕보살에게 계속하여
말씀하셨다.
"또 과거 한량없는 아승기 겁전에
한 부처님이 계셨으니 명호가,
청정연화목여래(淸淨蓮花目如來)요
수명은 사십겁 이셨느니라.
그 부처님의 상법(像法)시대에
한 나한이 있어 복으로써
중생을 제도하였느니라.

중생을 교화하다 한 여인을 만났으니
그 이름이 광목(光目)이었느니라.

광목이 음식을 베풀어 올리니,
'혹 무엇을 바라는 바가 있습니까?'
하고 나한이 물었느니라.
광목이 말하기를,
'제가 어머니께서 돌아가신 날에
복을 지어 어머니를 천도하고자 하오나,
어머니께서 어느곳에 나신줄을
모르겠나이다' 하니,
이를 가엾이 여긴 나한이
선정에 들어 관찰하자
광목의 어머니가 악도에서 큰 고통을
받고 있는것이 보였느니라.

광목에게 묻기를,
'그대의 어머니가 생전에 무슨 죄업을 지었기에 악도에서 저렇게 큰 고통을 받고 계신 것입니까?
광목이 말하길,
'어머니는 물고기와 자라등을 볶고 지져 즐겨 많이 드셨는데, 그 수가 천이나 만보다도 더 할것 같습니다.
존자께서는 가엾이 여기시어
어떻게든 저의 어머니를 구할
방법을 일러 주소서!'

나한이 이를
불쌍히 여기고 방편을 지어
광목에게 권하였느니라.

'그대는 지극한 마음으로 청정연화목여래를 생각하고 부처님의 형상을 조성하거나 그림으로 그려 간절히 기도하시오.
그리하면 생자와 망자가 모두 좋은 결과가 있으리다!'

광목이 이 말을 듣고
아끼던 물건들을 팔아
부처님의 형상을 그려 모시고,
공양을 올리며 공경을 다하여 슬피 울면서
우러러 예배드렸더니라.
문득 새벽녘 꿈에
부처님을 친견하니,
찬란히 빛나는 금빛의 위용이
수미산과 같았느니라.

부처님께서는
큰 광명을 놓으시며
광목에게 말씀하셨느니라.
'너의 어머니는 오래지 않아
너의 집에 태어나리라!
그리고는 수 일만에
곧 말을 하게 되리라!'

그 후로 집안의 한 종이 자식을 낳았는데,
채 사흘이 못되어 머리를 숙여 슬피 울면서 광목에게 말을 하였더니라.
'생사의 업연으로
이렇게 과보를 받게 되었다.
광목아! 나는 바로 너의 엄마이니라.
너와 헤어진 후로 오래도록 어둡고 컴컴한

대지옥에 떨어져 말로 할 수 없는 고초를 받았느니라.

이제 너의 복력을 입어 다행히 사람몸을 받았으나, 이렇게 하천하고 받은 수명이 짧아 열 세살이 되면 다시 악도에 떨어지게 될 것이니,

네가 어떻게든지 나를 이 고통에서 벗어나게 해다오!'

이 말을 들은 광목은,

어머니가 종으로 태어난 것임을 확신하고 목메이게 슬피 울며 물었느니라.

'어머니가 틀림없다면

지은 죄업을 아실것입니다.

무슨 죄업으로 악도에 떨어지셨습니까?'

종의 자식으로 태어난
어머니가 말하기를,
'살생을 많이 하였으며, 불법을 비방하고 가지가지 악행으로 이러한 과보를 받았다. 네가 복을 지어 나를 건져주지 않았다면 이 업보를 도저히 면할 수 없었을 것이다.'
광목이 다시 묻길,
'지옥에서 받는 죄보는 어떠했습니까?'
'그 고통은 백천세를 두고 말하여도 다 할 수가 없다.'

광목이 이 말을 듣고는
눈물을 흘리고 슬피 울면서
허공을 향해 말하였느니라.
'원하옵건대,

저의 어머니가 영원히 지옥에서 벗어나 십삼세를 마치고서 다시는 악도에 떨어지지 않도록 하여 주옵소서!
시방의 부처님이시여!
제가 어머니를 위하여 발하는 이 광대한 서원을 어여삐 들어주소서!

만약 저의 어머니가 삼악도와 이 하천함 내지 여인의 몸까지 영원히 여의어서, 고통을 벗어나게 된다면 '청정연화목여래' 앞에서 맹세하옵니다.
이 후로 백천만억겁이 흐르도록
삼악도의 모든 죄고 중생들을
제도하여 마친 연후에,
비로서 정각을 이룰것입니다.'

이렇게 서원을 발하고 나자
청정연화목여래의 말씀이
들려 왔느니라.
'훌륭하다 광목아!
네가 어머니를 위하여
크나큰 서원을 발한 이 공덕으로,
어머니가 십 삼세를 마치면 업보의 몸을
벗고 다시 높은 신분으로 태어나
백 세의 수를 누릴 것이다.
그 뒤에는 극락정토에 태어나 헤아릴 수
없는 겁을 지내다가 성불하여 항하의 모래
알 같은 인간과 하늘을 제도하리라' 고 하
였느니라."

부처님께서 다시

정자재왕보살에게 이르셨다.

"그 때 아라한의 몸으로
광목을 제도한 이는
곧 무진의 보살이요,
광목의 어머니는 해탈보살이며,
광목은 지금의 지장보살이니라.
지장보살은 과거 먼 겁부터 이같이 중생을
사랑하고 불쌍히 여겨,
항하사 같은 서원을 발하고 널리 중생을
제도하여 왔느니라.

미래세 사람들 중에
선을 행하지 않는자와
악을 행하는 자,
인과를 믿지 않는 자,

사음을 행하는 자,
거짓말을 하는 자,
이간질과 악담하는 자,
대승을 비방하는 자등
이러한 죄업을 짓는 중생들은
악도에 떨어질 것이니라.
그러나 만약 선지식을 만나서
그의 권유로 손가락 한번 튕길 동안만이라도 지장보살에게 귀의한다면, 이 모든 중생들이 삼악도의 죄보에서 벗어나게 되느니라.

만약 지극한 마음으로 귀의하여
공경 · 예배 · 찬탄하며,
향과 꽃과 의복과

가지가지 보배와 음식으로
공양을 올리는 자는,
미래 백천만억 겁에 항상
하늘에 태어나 즐거움을 누릴것이며,
하늘의 복이 다하여
다시 인간으로 내려오더라도
백천겁을 항상 임금이 되어,
능히 전생과 인과의 전후를
다 기억하게 되리라.

정자재왕 보살이여!
이와같이 지장보살에게는
불가사의한 대위신력이 있어 널리 중생을
이롭게 하나니, 그대들 모든 보살은 마땅히
이 경을 기록하여 널리 유포시킬지니라."

정자재왕보살이
부처님께 아뢰었다.
"세존이시여, 염려하지 마옵소서!
저희들 천만억 보살마하살은 반드시 부처님의 위신력을 이어받아, 널리 이 경을 펴서
저 염부제 중생들을 이롭게 하겠나이다."
정자재왕보살이
세존께 아뢰고 나서
공손히 예배하고 물러났다.

그때 사천왕(四天王)이
함께 자리에서 일어나 합장하고
공손히 부처님께 사뢰었다.
"세존이시여!
지장보살께서 저 구원겁에

크나큰 서원을 발하셨사온데,
어찌하여 지금까지도
중생제도를 다하지 못하고
다시 광대한 서원을 세워야 하나이까?
바라옵건대 세존께서는
저희들을 위하여 말씀하여 주옵소서!"

세존께서는
사천왕에게 이르셨다.
"착하고 착하도다.
내가 이제 너희들과
현재 미래의 하늘과
인간의 중생들을 위해,
지장보살이 저 사바세계 염부제에서 죄많은 중생들을 구원하여 해탈케 하는 방편을 말해주리라."
"세존이시여!
즐거이 듣고자 하나이다."

부처님께서
사천왕에게 이르셨다.
"지장보살이 오랜 겁으로부터
오늘에 이르도록,
아직까지도 중생제도를 마치지 못하고
거듭 서원을 세우고 있는것은,
미래의 무량겁중에 죄업중생들의
업이 끊이지 않음을 알기 때문이니라.
그리하여 큰자비심으로
거듭 거듭 원을 발하여 백천만억 방편을
베풀어 중생들을 제도하느니라.

사천왕이여! 지장보살은,
만약 산 목숨을 죽이는 자를 만나면,
재앙과 단명의 과보가 있음을 말해주고,

만약 도둑질하는 자를 만나면,
빈궁하여 고통받는 과보를 말해주고,

만약 사음하는 자를 만나면,
비둘기·오리·원앙새로 태어나는 과보를
말해주고,

만약 악담하는 자를 만나면,
친족간에 서로 다투는 과보를 말해주고,

만약 남을 헐뜯는 자를 만나면,

혀가 없거나 부스럼이 생기는 과보를 말해
주고,

만약 성내는 자를 만나면,
얼굴에 더럽고 추악한 풍창이 생기는 과보
를 말해주고,

만약 탐내고 인색한 자를 만나면,
바라는 것이 뜻대로 되지않는 과보를 말해
주고,

만약 음식을 절도없이
먹는자를 만나면,
배 고프고 목마른 병이 생기는
과보를 말해주고,

만약 사냥을 즐기는 자를 만나면,
놀라 미쳐서 목숨을 잃어버리는 과보를 말해주고,

만약 부모의 뜻을 어기고 거역하는 자를 만나면, 천재지변으로 졸지에 죽는 과보를 말해주고,

만약 산과 숲에 불 지르는 자를 만나면, 미쳐 헤매다가 정신없이 죽는 과보를 말해주고,

만약 부모에게 악독하게 하는자를 만나면, 다시 내생에 태어나 매맞는 과보를 말해주고,

만약 그물로 동물의 새끼를 잡는자를 만나면, 가족이 이별하는 과보를 말해주고,

만약 불·법·승 삼보를 헐뜯고 비방하는 자를 만나면, 눈귀 멀고 벙어리 되는 과보를 말해주고,

만약 부처님의 법과 가르침을 가벼이 여기고 업신여기는 자를 만나면, 영원히 악도에 떨어지는 과보를 말해주고,

만약 절의 물건을 파괴하거나
함부로 쓰는자를 만나면,
억겁토록 지옥 고통받는
과보를 말해주고,

만약 청정한 행을 더럽히고 스님을 속이는 자를 만나면, 영원토록 축생이 되는 과보를 말해주고,

만약 끓는물과 맹렬한 불, 도끼와 낫같은 흉기로 남을 해치거나 다치게 하는자를 만나면, 윤회하면서 서로 갚는 과보를 말해주고,

만약 계율과 재(齋)를 범하는 자를 만나면, 새와 짐승의 몸을 받아 주리고 배고픈 과보를 말해주고,

만약 재물을 옳지 않게 쓰는자를 만나면, 구하는 바가 막혀 더 이상 생기지 않는 과

보를 말해주고,

만약 아만심이 높은자를 만나면,
남에게 부림받는 천한 몸이 되는 과보를
말해주고,

만약 이간질하여 서로 다투게 하는자를
만나면, 혀가 없거나 또는 혀가 많은 기형
이 되는 과보를 말해주며,

만약 소견이 그릇된 자를 만나면,
야만인으로 태어나는 과보를 말해 주느니라.

이렇게 지장보살이
중생들에게 설해준

몸과 입과 뜻으로 지어받는
과보를 대강 말하였나니,
지장보살은 중생들이 짓는 갖가지 죄업에
따라 백천가지 방편으로 교화하느니라.

그런데도 중생들은
스스로 지은 업보로 지옥에 떨어져서
여러겁이 지나도록
벗어날 기약이 없으므로,
그대들은 사람과 나라를 보호하고 잘 지켜서 중생들이 미혹에 빠지는 일이 없도록 할지니라."
사천왕은 부처님의 말씀을 듣고
눈물을 흘리며 슬피 탄식하면서
합장하고 물러갔다.

제5. 지옥명호품
地獄名號品

(지옥의 이름을 나타내는 품)

그때 보현보살께서
지장보살께 말씀하셨다.
"어진이시여!
원컨대 천룡팔부와
현재와 미래의 모든 중생을 위하여,
사바세계의 죄업중생들이 죄보를 받는
지옥의 이름과 고초를 말씀하시어,
미래세의 말법 중생으로 하여금

이 과보를 알게하여 주소서!"
지장보살께서 대답하시기를,
"어진이시여!
내가 이제 부처님의 위신력과
보현보살님의 힘을 입어,
지옥의 이름과 과보에 대해
간략히 말씀드리겠습니다.

염부제(閻浮提) 동쪽에
철위산(鐵圍山)이 있는데
그 산은 매우 깊고 험하여,
해와 달의 빛이 없으며
큰 지옥이 많이 있는데,
이름이 극무간(極無間)지옥이며,
대아비(大阿鼻)지옥, 사각(四角)지옥,

비도(飛刀)지옥, 화전(火箭)지옥,
협산(夾山)지옥, 통창(通槍)지옥,
철거(鐵車)지옥, 철상(鐵床)지옥,
철우(鐵牛)지옥, 철의(鐵衣)지옥,
천인(千刃)지옥, 철려(鐵驢)지옥,
양동(洋銅)지옥, 포주(抱柱)지옥,
유화(流火)지옥, 경설(耕舌)지옥,
좌수(剉首)지옥, 담안(啗眼)지옥,
철환(鐵丸)지옥, 쟁론(諍論)지옥,
철수(鐵銖)지옥, 다진(多瞋)지옥
등입니다.

어진이시여!
철위산 안에는 이와 같은
지옥이 끝도 없나이다.

또, 규환(叫喚)지옥, 발설(拔舌)지옥,

분뇨(糞尿)지옥, 동쇄(銅鎖)지옥,

화상(火象)지옥, 화구(火狗)지옥,

화마(火馬)지옥, 화우(火牛)지옥,

화산(火山)지옥, 화석(火石)지옥,

화상(火床)지옥, 화량(火梁)지옥,

화응(火鷹)지옥, 거아(鋸牙)지옥,

박피(剝皮)지옥, 음혈(飮血)지옥,

소수(燒手)지옥, 소각(燒脚)지옥,

도자(倒刺)지옥, 화옥(火屋)지옥,

철옥(鐵屋)지옥, 화랑(火狼)지옥

등이 있나이다.

이 지옥들 속에
또 각각 작은 지옥들이 있는데,

하나나 둘, 셋이나 넷,
백이나 천에 이르는 것도 있으며
이름도 각각 다릅니다.

어진이시여!
이 지옥들은 모두 사바세계에서 악업을 지은 중생들이 업에 따라 과보를 받는 곳입니다.
업력(業力)이란 매우 커서
수미산을 대적하며,
큰 바다보다 깊어서
능히 성스런 깨달음의 길을
가로 막습니다.
그러므로 조그만 악이라도
가벼이 여기지 말아야 합니다.

죽은 후에는 털끝만한 것이라도
그 과보가 있어서 가족간이라도
업에따라 가는길이 다르며
대신 받을 수 없습니다.
내가 이제 부처님의 위신력을 입어
죄업으로 받는 지옥의 고통을
대략 말씀하려 하오니 바라건대
어진이시여 잠깐 들으소서!"

보현보살께서 대답하시기를,
"나는 오래전부터 삼악도(三惡道)의 과보를 알고 있지만, 이제 지장보살님께서 말씀하시기를 바라는 것은, 후세 말법시대의 죄업 중생들로 하여금 보살님의 말씀을 듣고, 불법(佛法)에 귀의하게 하고자 함입니다."

지장보살께서 말씀하시기를,
"어진이시여!
죄업의 과보는 이러합니다.
어떤 지옥은
죄인의 혀를 뽑아 소로 갈게하며,
어떤 지옥은
야차가 죄인의 심장을 꺼내 먹으며,
어떤 지옥은
끓는 가마솥에 죄인을 삶으며,
어떤 지옥은
구리쇠 불기둥을 끌어 안게하며,
어떤 지옥은
맹렬한 불길속에 죄인을 처넣으며,
어떤 지옥은
매서운 추위로 온통 얼음뿐이며,

어떤 지옥은
똥 오줌으로 가득찬 곳뿐이며,
어떤 지옥은
쇠 회초리로 쳐서 살가죽을 벗기며,
어떤 지옥은
온 몸을 불창으로 찌르며,
어떤 지옥은
몽둥이로 가슴과 등을 후려치며,
어떤 지옥은
손과 발을 모두 태워버리며,
어떤 지옥은
쇠뱀이 온몸을 칭칭 감으며,
어떤 지옥은
무쇠개가 물어 뜯으며,
어떤 지옥은

무쇠나귀에 끌려 다닙니다.

어진이시여!
이와같은 죄업으로 받는 과보는
각 지옥마다 백천가지의
형벌 도구들이 있는데,
그것은 모두 구리와 쇠와 돌과 불로 된것이며, 이들 네 종류는 여러가지 죄업의 과보로 인해 생긴것입니다.

지옥에서 받는 고통을 자세히 말씀드린다면 각각의 옥마다 받는 고초가 백천가지나 되니, 하물며 그 많은 지옥이겠습니까?
내가 이제 부처님의 위신력과
보현보살님의 물으심을 받들어

간략히 말씀드렸사오나,
만약 자세히 설명하려면
겁을 지내도 다할 수 없나이다."

제6, 여래찬탄품
如來讚嘆品

(여래께서 찬탄하시는 품)

그 때에 세존께서
온 몸으로 큰 광명을 놓으시어,
백천억 항하의 모래수 같은
부처님 세계를 두루 비추시고,
큰 음성으로 모든 부처님 세계의
보살마하살과 천룡과 귀신과
사람과 사람아닌 무리들에게
말씀하셨다.

"내가 이제 지장보살마하살이
시방세계에서 불가사의한 위신력과
자비심을 나타내어 중생의 괴로움을
구제하는 일에 대하여 드높이 찬탄하리니
잘 들으라! 내가 열반한 뒤에 그대들 모든
보살마하살과 천룡과 귀신등은 널리 방편
을 지어서, 이 경을 지키고 보호하여 일체
중생으로 하여금, 온갖 괴로움을 여의게하
고 열반락을 증득케 하라."

이렇게 말씀하시니,
회중에 있던 보광보살께서
합장하고 공경히 부처님께 사뢰었다.
"지금 세존께서는
지장보살님께 불가사의한 대위신력이

있음을 찬탄하셨나이다.
세존이시여!
미래세의 말법 중생들을 위하시여,
지장보살께서 인간과 천상을 이롭게하는
인과에 대하여 말씀하여 주옵소서!
그리하여 천룡 팔부와 미래세의 중생들로
하여금 부처님의 말씀을 높이 받들게 하여
주옵소서!"

그 때에 세존께서는
보광보살과 사부대중들에게 이르셨다.
"자세히 듣고 자세히 들으라!
내 마땅히 그대들을 위하여 지장보살이 인간과 하늘사람들을 이롭게 하는 복덕에 대하여 간략히 말하리라!"

보광보살이 사뢰기를,
"세존이시여! 기쁘게 듣겠나이다."

부처님께서 말씀하시길,
"미래세에 어떤 선남자 선여인이
지장보살의 이름을 듣고 합장하거나 찬탄하거나, 예배하거나 흠모하는 이등은 삼십 겁의 죄업을 벗어나리라.

보광보살이여!
만약 선남자 선여인이
지장보살의 형상을 그리거나,
혹은 흙과 돌에 칠을하여 만들거나,
금·은·동·철 등으로
이 보살을 조성하여

한번이라도 예배하는 이는,
백번이나 삼십삼천에 태어나 영원히 악도에 떨어지지 아니하며, 비록 천상의 복이 다하여 인간으로 태어날지라도, 오히려 나라의 왕이 되는등의 큰 이익을 얻느니라.

만약 어떤 여인이
여인의 몸을 싫어하여 정성을 다해
지장보살의 형상을 그리거나,
흙과 돌에 칠을하여 만들거나
금·은·동·철 등으로
형상을 만들어 공양을 올리되,
하루도 빠짐없이 꽃과 향과 음식등으로 공양을 올리면, 이 선여인은 한번 받은 여인 몸이 다하고는 백천만겁토록, 다시는 여인이 있는 세계에도 나지 않을 것인데 하물며 다시 여인 몸을 받으랴!

다만 자비원력으로
중생을 제도하기 위해
스스로 여인몸을 받는것을 제외하고는,
이 지장보살께 공양한 힘과
지장보살의 공덕을 입는 까닭으로
백천만겁동안 다시는 여인몸을
받지 않게 되느니라.

보광보살이여!
만약 추하고 병이 많은 여인이
자신의 모습을 싫어하여,
지장보살께 잠깐 동안이라도

지극한 마음으로 우러러 예배한다면,
이 사람은 천만겁 중에 상호가
원만하고 온갖 질병이 없으리라.

또한 이 여인이
여인몸을 싫어하지 않는다면,
백천만억 겁을 항상
왕녀나 왕비가 되고,
재상이나 명문가의 딸이 되어 모양새가 단정하고 원만하리니, 지장보살께 지극한 마음으로 우러러 예배한 까닭에 이러한 복을 얻게 되느니라.

보광보살이여!
또 만약 어떤 선남자 선여인이

지장보살의 존상 앞에서
악기와 노래로 찬탄하고,
향과 꽃으로 공양하며
많은 이들에게 이를 권하면,
현세와 미래에 항상 여러 선신들이 그들을
보호하여, 나쁜일은 귀에 들리지도 않을
것인데 하물며 여러 횡액이겠느냐!

보광보살이여!
미래세에 만약 악인·악귀가
선남자 선여인이 지장보살께
귀의 공경하고 공양 찬탄하며
우러러 예배함을 보고,
망령되이 꾸짖고 헐뜯거나
공덕과 이익이 없다고 비방하거나,

비웃고 그르다고 하거나,
남에게 말하여
여럿이서 한 생각만이라도
훼방하는 마음을 낸다면,
이러한 사람은 현겁의 일천 부처님이 오시더라도 훼방한 죄보로 무간아비지옥에 떨어져 고초를 받을것이며,

이 겁이 지나서는
다시 아귀가 되고,
또 천겁을 지나서 축생보를 받으며,
또다시 천겁을 지나서 비로서
사람몸을 받게 되느니라.
비록 사람으로 태어나더라도
많은 악업으로 가난하고 미천하며,

신체가 온전하지 못해 다시
악도에 떨어지게 되느니라.
그러므로 보광보살이여!
다른 사람이 공양 올리는 것을 비방하고 헐뜯기만 하여도 이러한 죄보를 받거늘, 하물며 악한 마음을 내어서 불법을 직접 훼방하고 파괴함은 어떠하겠느냐?

보광보살이여!
만약 미래세에 어떤 남자나 여인이
오랫동안 병상에 누워
살고 죽기 마음대로 되지않고,
혹은 꿈속에 악귀가 나타나 집안을 침범하고 험한길을 헤매기도 하며,
도깨비에 홀리고 귀신과 함께 놀기도 하

여, 날이 갈수록 몸이 쇠약해 수면중에 소리치며 괴로워하는 이는,
이것은 다 업장으로
죄업의 경중을 결정하지 못하여,
죽을수도 병이 나을수도 없게 된것이니 범부로서는 이 일을 알 수 없느니라.

이러한 때는 마땅히
모든 불보살 존상 앞에서
이 지장경을 높은 소리로 한번이라도 읽고, 혹은 병자가 아끼는 의복과 보배, 장원과 사택등을 놓고서 그 병자 앞에서 높은 소리로 분명히 말하되,
'저희들 아무개등은 아픈 사람을 위해 불보살님과 경전앞에 이 물건들을 공양 올

립니다. 이것으로 불·보살상을 조성하거나, 탑이나 절을 세우거나, 등을 밝혀 부처님 도량에 보시하겠습니다.' 라고
세 번을 하여 병자가 알아 듣도록 하라.

만약 아픈 사람의 의식이 흩어지고 숨기운이 다한자라면 하루나 이틀, 사흘 나흘에서 칠일에 이르도록 다만 높은 소리로 이 경을 읽을지니라.

이 사람은 목숨이 다한뒤에 숙세의 허물과 중죄로 오무간지옥에 가게 되었더라도, 영원히 해탈하고 나는 곳마다 항상 전생일을 알게 되느니라.

하물며 스스로 이 경을 쓰거나 남에게 쓰게 하거나, 스스로 보살의 형상을 조성하고 그리거나, 남에게 권유하여 조성하고 그리도록 한다면, 그 공덕으로 큰 이익을 얻게 되느니라.

그러므로 보광보살이여!
만약 어떤 사람이 이 경을 독송하거나, 한 생각만이라도 이 경을 찬탄하고 공경하는 사람을 보거든,
그대는 마땅히 백천가지 방편으로 그들에게 권하여 정근(精勤)하는 마음이 물러나지 않도록 하라.
그리하면 능히 현재와 미래에 백천만억의 불가사의한 공덕을 얻게되리라.

보광보살이여!
만약 미래세의 중생들이
꿈속이나 잠결에 귀신들이 나타나서,
슬피울고 근심하며 탄식하거나
두려워 떠는 모습이 보이면,
이는 일생(一生)이나 십생(十生)
또는 백생·천생, 과거세의 부모나 형제자매·부부등의 가족들이 악도에서 벗어나지 못하고, 구해줄 곳이 아무데도 없으므로 할 수 없이 숙세의 혈육에게 호소하여 벗어나기를 원하는 것이니라.

보광보살이여!
그대는 신통력으로
그 사람들로 하여금,

모든 불·보살의 형상 앞에서
지극한 마음으로 이 경을 읽게 하거나
다른 사람을 시켜서 읽게 하되,
세 번이나 일곱번을 읽으면 악도에 떨어진
권속들이, 경 읽는 소리가 마치자 바로 해
탈하여 꿈속에 다시는 나타나지 않느니라.

보광보살이여!
만약 미래세의
불행한 사람들이
숙세의 업보를 깨닫고
참회를 하려 하거든,
지극한 마음으로
지장보살의 존상에
우러러 예배하면서,

칠일동안 보살의 명호를 생각하고 만번을 불러 채울지니라.

이렇게 하면 지금의 업보가 다한후에 천만생 동안 항상 존귀한 몸으로 태어나며, 다시는 삼악도의 고통을 겪지않게 되리라.

보광보살이여!

미래세에 바라문·찰제리(왕족, 귀족)·장자·거사나 다른 신분의 새로 태어난 아기들이라도,

7일 이내에 이 지장경을 읽어주고 다시 '지장보살' 명호를 만번 불러주면,

비록 과거 여러생의 허물일지라도 죄업이 소멸되고 무럭무럭 잘 자라며 수명도 늘게 되리라.

만약 복을 타고난 아기라면 안락과 수명이 더욱 더하게 되리라.

보광보살이여!
미래세의 모든 중생들은 매달
1일·8일·14일·15일·18일·
23일·24일·28일·29일·30일의
십재일(十齋日)에는 모든죄의 가볍고 무거움이 결정되느니라.
사바세계 중생들의 생각과 행위 하나 하나가 죄업 아닌것이 없거늘, 하물며 거친 마음으로 살생과 도둑질, 사음과 거짓말하는 백천가지 죄상이겠는가?

만약 십재일에 불 보살님의 존상 앞에서

이 지장경을 한번 읽으면, 동서남북 백유순(由旬) 내에서는 모든 재앙과 고난이 없어지고, 그가 사는 집안의 어른과 아이가 영원히 악도에서 벗어나게 되리라.

또한 매달 십재일에
이 경을 한편씩 읽으면,
현재의 집안에 모든 횡액과
질병이 사라지고
생활이 풍요하리라.
그러므로 보광보살이여!
이와같이 지장보살은
백천만억의 대위신력으로
무량한 이익을 베풀어 줌을
꼭 알아야 하느니라.

사바세계의 중생들 모두는
지장보살과 큰 인연이 있으니,
지장보살의 이름을 듣거나 형상을 보거나,
이 지장경의 석자나 다섯자 또는 한 게송 한
구절이라도 듣는이는 현세에서 수승한 안락
을 얻을 것이며, 미래에 백천만 생에 항상 단
정한 몸으로 존귀한 가문에 태어나리라."

이때 보광보살은 부처님께서
지장보살을 찬탄하심을 듣고
호궤 합장하고 다시
부처님께 여쭈었다.
"세존이시여!
저는 오래전부터 지장보살님의 불가사의
한 위신력과 큰 서원력을 알았사오나,

미래의 중생들에게 널리 알려 이익을 주고
자 짐짓 부처님께 여쭈었나이다.
세존이시여!
이 경전의 이름은 무엇이라 하오며,
저희들이 어떻게 유포하오리까?"

부처님께서
보광보살에게 이르셨다.
"보광보살이여!
이 경전의 이름은 세 가지이니,
하나는 지장본원경(地藏本願經)이요,
하나는 지장본행경(地藏本行經)이며,
또 하나는 지장본서력경(地藏本誓力經)
이니라.
이는 지장보살이 오랜 겁전부터 내려오면

서 큰 서원을 거듭 발하여 중생들을 이익
되게 함에서 연유한 것이니라.
그대들은 이 서원에 의지하여 이 경전을
널리 펴도록 할지니라."

보광보살께서
부처님의 말씀을 듣고는
공경히 예배하고 물러났다.

제7, 이익존망품
利益存亡品

(산 사람과 망자에게 모두 이로운 품)

그때 지장보살께서
부처님께 말씀하셨다.
"세존이시여!
제가 사바세계의 중생들을 보니,
움직이고 생각하는 모든것이
죄업 아님이 없나이다.
더러는 착한 마음을 낼지라도
처음의 마음을 지키기 어렵고,

나쁜 인연을 만나면 생각생각에
나쁜것을 더해 가나이다.

이러한 사람들은
마치 무거운 돌을 지고
진흙길을 걷는것과 같아서,
갈수록 몸은 지치고 짐은 무거워
발이 깊은 수렁으로 빠져들어 가는거와 같
나이다.
다행히 선지식을 만나게 되면, 선지식께서
짐의 일부를, 혹은 모두를 짊어져 주기도
합니다.
선지식은 큰 힘을 갖추고 있기 때문에, 다
시 그를 부축해 도와주고 인도하며 평지에
이르러서는, 다시는 옳지 않은 길을 밟지

않도록 일러 주나이다.

세존이시여!
악습에 젖은 중생들은
작은 일에서도 한량없는
악업을 저지릅니다.
이런 악습에 젖은 중생들이 목숨이 다할 때에는, 가족들이 마땅히 그를 위해 명복을 베풀어 앞길을 열어주되,
등을 밝히고 경전을 읽어주며,
불보살님을 부르는 명호가
임종하는 사람의 귀에
분명히 들리게 하여,
마음에 새겨지도록 해야 하나이다.
그렇게 하면 지은 악업으로 악도에 떨어질

지라도, 가족들의 성스런 인연공덕으로 일체 죄업이 소멸되옵니다.

만약 그가 죽은뒤
49일 안에 가족들이
여러가지 좋은 공덕을 지어주면,
그 사람은 영원히 악도를 여의고
인간세계나 천상에 태어나
즐거움을 받게 되며,
가족들도 한량없는
이익을 얻게 되나이다.

그러므로 제가 이제 부처님을 모시고 천·룡등의 팔부신중과, 사람과 사람아닌 무리들이 함께 모인 이 자리에서,

저 사바세계 중생들에게
임종하는 날에 살생하지 말고, 악행을 짓지 말며 귀신들에게 제사 지내지 말라고 권하나이다.

왜냐하오면,
살생과 귀신에 제사 지내는 일은 망인에게 티끌만큼도 이롭지 않을뿐더러, 죄의 인연만 더욱 무겁게하기 때문이옵니다.
설령 성스러운 인연으로
인간이나 천상에 태어나게 될지라도,
임종때에 가족들이 악을 지으면
망인에게 큰 해를 끼치게 되니,
좋은곳에 태어나는 것이
늦어집니다.

하물며 임종하는 사람이
살아 생전에 조그마한 선행이라도
지은적이 없으면,
업을 따라 악도에 갈터인데
가족들이 다시 업을 지어서야
되겠나이까?
비유하오면 어떤 사람이
먼 길을 갈적에
굶은지가 사흘이 되고
어깨의 짐은 백근이나 무거운데,
옆 사람이 물건을 더 얹는다면
더욱 지치는거와 같나이다.

세존이시여!
사바세계 중생들이 부처님의 가르치심을 따

라 작은 선행이라도 실천한다면, 그 공덕의
과보는 반드시 자신에게 돌아오나이다."

이와같이 말씀하실 때,
이 자리에 불법을 잘 설하는 대변(大辯)이
라는 한 장자가 있었는데, 오래전에 무생
법(無生法)을 증득하고 중생을 교화하느라
고 장자의 몸을 나투었다.
대변장자는 합장 공경하면서
지장보살님께 여쭈었다.

"지장보살이시여!
어떤 사람이 목숨을 마친뒤에
그의 가족들이 공덕을 닦거나 재를 베풀어,
여러가지 좋은 인연을 맺어주면 죽은 사람

이 큰 이익을 얻어 해탈할 수 있나이까?"

지장보살께서 대답하셨다.
"장자여! 미래와 현재의 모든 중생을 위하여 부처님의 위신력을 받들어 간략히 설하오리다.

장자여! 중생들이 임종할 때에, 불보살님의 명호만 들어도 죄가 있고 없고를 떠나 모두 해탈하게 됩니다.

만약 어떤 사람이 생전에
죄업을 많이 짓고 명을 마쳤을때,
그의 친척들이 공덕을 지어 복을 닦아주면, 그 공덕의 칠분의 일은 망인이 얻고 나머지 공덕은 지은 사람에게 돌아갑니다.

그러므로 모든 이들이 생전에 공덕을 잘 닦으면 모두를 얻을 수 있습니다.

장자여!
덧없는 죽음이 기약없이 닥쳐오면
어둠속을 헤매는 혼신이,
스스로의 죄와 복을 알지 못하고
49일동안 바보인듯 귀머거리인듯 지내다가, 염라대왕 앞에서 업과(業果)의 옳고 그름을 따진 뒤에야 그의 업에 따라서 새로운 생을 받게 됩니다.

앞일을 예측할 수 없는 동안의 근심과 고통도 천만가지인데, 하물며 악도에 떨어졌을 때이겠습니까?

명을 마친 사람이 아직 새로운 생을 받지 못하는 사십구일 동안에는, 혈육들이 복을 지어 구원해 주기만을 간절히 바라다가, 사십구일이 지나면 업에따라 과보를 받게 됩니다.

만약 그가 지은죄가 무겁다면 천만년이 지나더라도 해탈할 날이 없을 것이며, 만약 무간죄를 지어서 대지옥에 떨어진다면 천만겁토록 고통이 끊일 사이가 없습니다.

장자여!
이런 죄업중생들을 위하여
가족들이 천도재를 베풀어
그의 앞길을 도와주려 할때는,

부처님과 스님들께 올려
재의식을 마치기 전에는
먹지 말아야 합니다.
만약 이를 어기고 먼저 먹거나 깨끗하게 만들지 않으면, 목숨을 마친 사람이 복력을 얻지 못하게 됩니다.
반대로 정성을 다하여 마련한 음식을 부처님과 스님들께 올리면, 망인은 그 공덕의 칠분의 일을 얻게 됩니다.

장자여!
그러므로 망인을 위해 지극한 정성을 다하면, 망인과 가족 모두가 이익을 얻게 되는 것입니다."

이 말씀을 하실때에
도리천궁에 있던 천만억 무량수의 귀신들 모두가 한량없는 보리심을 발하였고, 대변장자도 가르침을 받들어 환희하며 절하고 물러났다.

제8, 염라왕중찬탄품
閻羅王衆讚嘆品
(염라왕들을 찬탄하는 품)

그때 철위산 안의
한량없는 귀왕들이 염라대왕과 함께
부처님께서 계신 도리천으로
모여 들었다.

이른바 악독귀왕(惡毒鬼王)
다악귀왕(多惡鬼王) 대쟁귀왕(大爭鬼王)
백호귀왕(白虎鬼王) 혈호귀왕(血虎鬼王)

적호귀왕(赤虎鬼王) 산앙귀왕(散殃鬼王)
비신귀왕(飛身鬼王) 전광귀왕(電光鬼王)
낭아귀왕(狼牙鬼王) 천안귀왕(千眼鬼王)
담수귀왕(啖獸鬼王) 부석귀왕(負石鬼王)
주모귀왕(主耗鬼王) 주화귀왕(主禍鬼王)
주복귀왕(主福鬼王) 주식귀왕(主食鬼王)
주재귀왕(主財鬼王) 주축귀왕(主畜鬼王)
주금귀왕(主禽鬼王) 주수귀왕(主獸鬼王)
주매귀왕(主魅鬼王) 주산귀왕(主産鬼王)
주명귀왕(主命鬼王) 주질귀왕(主疾鬼王)
주험귀왕(主險鬼王) 삼목귀왕(三目鬼王)
사목귀왕(四目鬼王) 오목귀왕(五目鬼王)
기리실왕 대기리실왕 기리차왕
대기리차왕 아나타왕 대아나타왕
등이었다.

이러한 대귀왕들은 각각 백천의 여러 소
귀왕과 더불어 모두 염부제에 살고 있으
며, 각기 맡은일이 있고 머무는 곳이 따로
있었다.
이 모든 귀왕들이 염라천자와 함께 부처님
의 위신력과 지장보살마하살의 힘을 받들
어 도리천으로 와서 한쪽에 공손히 서 있
었다.

그때 염라대왕이 꿇어앉아
합장하고 부처님께 아뢰었다.
"세존이시여!
저희들이 부처님의 위신력과
지장보살마하살의 힘을 받들어
이 도리천의 성스러운

법회에 오게된 것은,
좋은 이익을 얻을 수 있기
때문이옵니다.
제가 이제 조그마한 의심이 있어 감히 묻사오니, 원하옵건대 세존께서는 자비로써 말씀하여 주옵소서."

부처님께서 염라천자에게 이르셨다.
"그대는 마음대로 물으라.
그대를 위해 말해주리라."

이때 염라천자가 세존을 우러러 절을 하고 지장보살을 돌아보며 부처님께 아뢰었다.
"세존이시여!

제가 지장보살을 관하옵건대,
육도(六道)중에 계시면서 백천가지 방편으로, 죄지어 고통받는 중생을 끊임없이 제도하시면서도 피곤함이나 힘듦을 모르시옵니다.
이 대보살의 불가사의한 신통력 덕분에 중생들은 죄보에서 벗어났다가도 오래지 않아 또다시 악도에 떨어지고 있나이다.

세존이시여!
지장보살은 이미 불가사의한
신통력을 지니고 계시온데,
어찌하여 중생들은 옳은 법에 의지하여
영원한 해탈을 얻지 못하나이까?
바라옵건대 세존이시여,

저희들을 위하여 말씀하여 주시옵소서."

부처님께서
염라대왕에게 이르셨다.
"염부제 중생은 성품이 억세고 거칠어서 조복하기 어려운데도, 이 대보살은 백천겁 동안 그러한 중생들을 하나하나 구제하여 해탈의 길로 인도하였느니라.

지장보살은 방편의 힘으로 큰 악도에 떨어진 죄인들까지도, 그들이 지난 세상에 지은 일을 깨닫게 하여 근본업연에서 구제하지만,
염부제 중생들은 나쁜업에 깊이 물들어 있어, 나왔다가는 다시 들어가 이 보살을 수

고롭게 하고, 오랜겁을 지내며 제도하여야 비로서 해탈하게 되느니라.

비유하건대,
어떤이가 자기 본래의 집을 잃고 방황하다가 잘못하여 험한길로 들어섰는데, 그 험한 길에는 수많은 야차와 호랑이·사자·독사등이 있었느니라.
그때 이러한 위기에서 벗어나는 술법을 가진 선지식이 나타나서, 자꾸만 험한길로 들어서려는 이 사람을 보고 큰 소리로 외쳤느니라.
'이 딱한 사람아!
어쩌자고 이런길로 들어섰는가?
그대는 무슨 기이한 술법이라도 있어서 저

맹수들을 물리칠 수 있다는 말인가?'

길 잃은 사람은 그 말을 듣고 비로서 험한 길에 들어선 것을 알고 곧 그 곳을 벗어나고자 하였느니라.
그때 선지식은
그를 안전한 곳으로 이끌고
또 다시 말하였느니라.
'다음부터는 결코 저길로 가지마라.
저기로 들어서면 좀처럼 빠져나오기도 어렵거니와 목숨도 위험하니라.'

이 말을 듣고 길 잃은 사람은
깊은 감동을 받았느니라.
헤어질때 선지식은

또 일러주었느니라.

'만약 누구든지 저길을 가는 사람을 보면, 저 길에는 악독한 것들이 많아 목숨을 잃게 된다고 말해주어, 그들이 죽음의 길로 들어서지 않도록 하라.'

이와같이 지장보살은
대자비로 죄업중생을 구제하여 천상이나 인간으로 태어나게 하고 즐거움을 받도록 해주며, 다시는 악도에 들어서지 않게 하느니라.

이는 마치 길을 잃어 험한곳으로 들어선 사람이 선지식을 만나, 다시는 그 길로 들어서지 않은것과 같고,

그가 다시 다른 사람에게 들어가지 말도록

권하면,
다른 사람도 다시는 악도에 들어가지 않는 것과 같느니라.
그러나 어리석어
그 길을 다시 밟는다면
목숨을 잃을 것이니라.

이처럼 지장보살은 악도에 떨어진 중생들을 방편의 힘으로 구제하여 인간이나 천상에 태어나게 하지만,
저들은 돌고 돌아 다시 악도에 들어가나니,
만약 이와같이 업이 무거워지면 영원히 지옥에 빠져 해탈하기 어렵게 되느니라."

이때 악독귀왕이

합장 공경하고 부처님께 아뢰었다.
"세존이시여!
저희들 귀왕은 그 수가
한량 없사옵니다.
염부제(사바세계)에 있으면서 사람에게 이익과 손해를 끼치기도 하는것이 서로 같지가 않으니, 이것은 저희들의 업보가 다르기 때문이옵니다.
제가 권속들로 하여금 여러 세계를 돌아다니게 하여보니 악한것은 많고 선한것은 적사옵니다.

저희가 사람의 가정이나 도시·마을·장원·주택을 지나다가 사람들이 티끌만큼이라도 선한일을 하거나,

불법을 찬양하고 불보살님전에 향과 꽃을
공양하거나,
경전을 독송하되 한 구절, 한 게송이라도
존중하면,
저희 귀왕들은 이 사람에게 예배 공경하기
를, 과거·현재·미래의 모든 부처님을 섬
기듯 하겠나이다.
또한 큰 힘이 있고 토지를 맡은
작은 귀신들로 하여금 보호케 하여,
나쁜일과 병액등이 그 집에
얼씬도 못하게 할 것이옵니다."

부처님께서
악독귀왕을 칭찬하셨다.
"착하고 착하도다!

너희들과 염라천자가 선남자 선여인을 능히 그와같이 보호하니, 나 또한 범왕과 제석에게 일러 너희들을 지키고 돕게 하리라."

이 말씀을 하실때
수명을 맡은 주명귀왕(主命鬼王)이
나와서 부처님께 아뢰었다.
"세존이시여!
저의 본래 업연은 염부제 사람들의 수명과 함께 저들의 태어남과 죽음을 모두 관장하는 것이옵니다.
저의 본래 원은 중생을 크게 이익되게 하려는 것이오나, 중생들은 제 뜻을 알지 못하고 사람들의 나고 죽음을 이루게 한다하여 모두 불안해 합니다.

만약 아기가 태어나려 할 때, 집안 사람들이 착한일을 하게 되면 집안에 이익이 더하고 토지신도 기뻐하여, 아이와 어머니를 보호하고 큰 안락으로 가족을 이롭게 하나이다.

그러므로 아이를 낳은 뒤에는 조심하여 살생하지 말아야 할 것인데, 여러 가지 비린것들을 가져다가 산모에게 먹이고, 친척들이 술을 마시고 고기를 먹으며 노래와 풍악을 즐긴다면, 모자(母子)로 하여금 편안치 못하게 하는 것이나이다.

왜냐하면, 아이를 낳을 때에는 많은 악귀들이 비린내 나는 피를 먹고자 하기 때문이옵니다.

그러므로 제가 미리 집안의 토지신들로 하여금 산모와 아기를 보호하여 편안케 하나이다.
이렇게 안락함을 얻었으면
마땅히 착한일을 하여 여러 토지신들에게 보답하여야 하거늘, 도리어 산 목숨을 죽여 잔치를 베풀게 되면 스스로 재앙을 불러 산모와 아기에게까지 해를 입히게 되나이다.

또 염부제(사바세계) 사람들이
목숨을 마치게 되면, 저는 그 사람의 선악을 묻지않고 그들 모두를 악도에 떨어지지 않도록 하고 있사온데,

하물며 스스로 착한일을 하여서
저의 힘을 도와준다면 얼마나
다행한 일이겠나이까?
그러나 선을 행한 사람들도 임종때가 되면
백천이나 되는 악독한 귀신들이, 부모나 가족의 형상으로 변하여 나타나 악도에 빠지게 하거늘, 악을 지은 자들이겠나이까?

세존이시여!
이와같이 사람들이 임종할때
정신이 아득하여져서 선악을 분간하지 못하여, 눈과 귀로는 아무것도 보고 들을 수 없나이다.
이러므로 그의 가족들이 큰 공양을 베풀고 경전을 읽으며 부처님과 보살의 명호를 생

각하고 부르면,
이러한 좋은 인연으로 망인이 악도에서 벗어나게 되고 악귀들도 물러가게 되나이다.

세존이시여!
어떤 사람이 임종할때
불보살님의 명호라도 듣거나
경전의 한 게송이라도 듣는다면,
제가 이러한 사람들을 살펴 오무간지옥에 떨어질 죄업만 제외하고, 소소한 악업으로 인하여 악도에 떨어질 자들은 모두 해탈을 얻게 하겠나이다."

부처님께서
주명귀왕에게 말씀하셨다.

"그대가 대자비로 큰 서원을 발하여 태어나고 죽음을 맞이하는 중생들을 능히 보호하는구나.
미래세에도 중생들이 나고 죽을때 그대는 이 원력에서 결코 물러서지 말고 모두를 해탈시켜 길이 안락함을 얻게하라."

주명귀왕이 다시
부처님께 아뢰었다.
"바라옵건대 세존이시여!
염려하지 마옵소서!
제가 이몸이 다할때까지 생각생각마다 염부제의 중생들을 보호하여, 태어나고 죽을때 모두 안락함을 얻게 하겠나이다.
모든 중생들이 나고 죽을때 저의 말을 믿

고 받아들여 해탈을 얻고 큰 이익을 얻게
되기를 바라나이다."

그때 부처님께서
지장보살에게 말씀하셨다.
"이 수명을 맡은 주명귀왕은
이미 과거 백천생동안 대귀왕이 되어 나고
죽는 중생들을 옹호하고 있었느니라.
이는 보살이 자비원력으로
대귀왕의 몸을 나타낸 것이요,
실은 귀신이 아니니라.
앞으로 일백 칠십겁을 지나
주명대귀왕은 성불할 것이니
명호는 무상여래(無相如來)요,
겁의 이름은 안락(安樂)이며,

세계의 이름은 정주(淨住)이고,
그 부처님의 수명은 가히
헤아릴 수 없는 겁에 이르리라.

지장보살이여!
이 대귀왕의 일은
이와같이 불가사의 하며,
그가 제도하는 사람과
하늘사람들의 수는 한량이 없느니라."

제9, 칭불명호품
稱佛名號品

(부처님의 명호를 부르는 품)

그때 지장보살마하살께서
부처님께 아뢰었다.
"세존이시여!
제가 지금 미래세의 중생들이
생사의 바다에서 큰 이익을
얻도록 말씀할까 하오니,
세존께서는 허락하여 주옵소서."
부처님께서 말씀하셨다.

"그대가 이제 자비심으로 죄업의 고통에 빠진 육도(六道) 중생을 제도하고자 불가사의한 일을 말하려 함이로다.
지금이 바로 그때이니 마땅히 어서 말할지니라.
나는 곧 열반에 들리니 그대의 원이 다 이뤄진다면, 나도 또한 현재와 미래의 모든 중생들에 대하여 근심을 놓게 되리라."

지장보살께서 아뢰었다.
"세존이시여!
과거 한량없는 아승기 겁전에
부처님께서 세상에 출현하셨으니,
무변신여래(無邊身如來)이시옵니다.
만약 누구라도 이 부처님의 명호를 듣고

잠깐이라도 공경심을 낸다면 사십겁의 생사중죄를 벗어나게 되오며, 부처님의 형상을 그리거나 조성하여 공양하고 찬탄하면 그 사람의 복은 무량하나이다.

또 과거 항하사 겁전에
부처님께서 세상에 출현하셨으니,
보승여래(寶勝如來)이시옵니다.
만약 누구라도 이 부처님의 이름을 듣고 손가락 한번 튕기는 사이라도 귀의하는 마음을 낸다면, 이 사람은 바른 진리에서 물러나지 않게 되나이다.

또 옛적에 부처님께서
세상에 출현하셨으니,

파두마승여래(波頭麻勝如來)
이시옵니다.
만약 누구라도
이 부처님 이름만 들어도
이 사람은 마땅히 천번을 욕계의 여섯 하늘 가운데 태어나게 되오리니, 하물며 지극한 마음으로 염불함이리까!

또 과거 무량 아승기 겁전에
부처님께서 세상에 출현하셨으니,
사자후여래(獅子吼如來)이시옵니다.
만약 누구라도 이 부처님 이름을 듣고
일념으로 귀의하면,
이 사람은 한량없는 부처님을 만나
마정수기(摩頂受記)를 받게 되나이다.

또 과거에 부처님께서
세상에 출현하셨으니,
구류손불(拘留孫佛)이시옵니다.
만약 누구라도 이 부처님의 이름을 듣고
지극한 마음으로 예배찬탄하면, 이 사람은
현겁(賢劫)의 천불(千佛)회상에서 대범왕이
되어 으뜸가는 수기를 받게 되나이다.

또 과거에 부처님께서
세상에 출현하셨으니,
비바시불(毗婆尸佛)이시옵니다.
만약 누구라도
이 부처님의 이름을 들으면
다시는 악도에 떨어지지 않고,
항상 인간과 천상에 태어나

수승한 즐거움을 받나이다.

또 과거 무량겁에
부처님께서 세상에 출현하셨으니,
다보여래(多寶如來)이시옵니다.
만약 누구라도 이 부처님의 이름을 들으면, 영원히 악도에 떨어지지 않고 항상 천상에서 묘락을 받나이다.

또 과거에 부처님께서
세상에 출현하셨으니,
보상여래(寶相如來)이시옵니다.
만약 누구라도 이 부처님의 이름을 듣고 공경심을 내면, 이 사람은 오래지 않아서 아라한과를 얻게 되나이다.

또 과거 무량 아승기 겁전에
부처님께서 세상에 출현하셨으니,
가사당여래(袈裟幢如來)이시옵니다.
만약 누구라도 이 부처님의 이름을 들으면, 일백대겁의 생사중죄를 벗어나게 되나이다.

또 과거에 부처님께서
세상에 출현하셨으니,
대통산왕여래(大通山王如來)이시옵니다.
만약 누구라도 이 부처님의 이름을 들으면, 이 사람은 항하의 모래알만큼 많은 부처님의 설법을 듣고 반드시 깨닫게 되나이다.

또 과거에

정월불(淨月佛)·산왕불(山王佛)
지승불(智勝佛)·정명왕불(淨名王佛)
지성취불(智成就佛)·무상불(無上佛)
묘성불(妙聲佛)·만월불(滿月佛)
월면불(月面佛)등 말할 수 없는
부처님께서 계셨나이다.

세존이시여!
현재나 미래에 누구라도
단 한 부처님의 이름만 생각하여도
그 공덕이 한량 없사온데,
하물며 많은 부처님 명호를 생각하고
부른다면 어떠하겠나이까?
이 중생들은 살아서나 죽어서나
큰 이익을 얻어 결코 악도에 떨어지지

아니 하나이다.

또한 임종을 앞둔 이를 위하여 높은 소리로 부처님 명호를 부른다면, 오무간(五無間) 지옥에 떨어질 큰 죄를 제외하고는 모든 업보가 소멸되옵니다.

이 오무간 대죄가 지극히 커서
억겁토록 벗어나기 어려우나,
그를 위해 임종시 부처님 명호를 부르는 공덕으로, 무거운 죄업도 서서히 멸하게 되고 중생 스스로 염불한다면 무량복을 얻게 되나이다.

제10, 교량보시공덕연품
較量布施功德緣品
(보시한 공덕을 헤아리는 품)

그때 지장보살마하살께서
부처님의 위신력을 받들어
자리에서 일어나 무릎을 꿇고
합장하며 부처님께 아뢰었다.
"세존이시여!
제가 업도(業道)중생들의
보시공덕을 헤아려 보건대,
가볍고 무거움이 있어서

어떤이는 일생동안만,
어떤이는 십생동안,
어떤이는 백생 천생토록
복을 누리는 이가 있으니,
이 일은 어떤 까닭이옵니까?
바라옵건대 세존이시여!
저를 위하시어 말씀해 주옵소서!"

부처님께서 말씀하셨다.
"내가 이제 일체 대중이 모인
도리천궁에서 염부제(사바세계)에서
보시한 공덕의 경중을
그대를 위해 설하리라."
지장보살께서 아뢰었다.
"기쁘게 경청하겠나이다."

부처님께서 이르시길,
"염부제의 모든
국왕이나 재상·대신
대장자·대찰제리(왕족·귀족)
대바라문 등이,
가장 빈궁한 이들이나
꼽추·벙어리·귀머거리
장님같은 불구인을 만나서
보시하고자 할때,
큰 자비심과 아픈마음으로 손수 보시하거나
사람을 시켜 보시하되, 부드러운 말로 위로
하면 이 국왕등이 얻게되는 복리는 백 항하
사 부처님께 보시한 공덕과 같느니라.

왜냐하면 높고 귀한 자리에 있는 이들이

힘들고 어려운 이들에게 큰 자비심을 낸 까닭이니라.
그들은 백천생에 항상 칠보가 구족하는 복과 이익을 얻을것이니라.

지장보살이여!
만약 미래세의 모든
국왕이나 바라문등이
불탑이나 부처님의 존상에
보시와 공양을 하게되면,
이 국왕등은 삼겁동안 제석천왕이 되어 뛰어난 복을 누릴것이며, 만약 보시한 복과 이익을 법계에 회향하면
이 대국왕등은 십겁동안
항상 대범천왕이 되리라.

지장보살이여!
만약 미래세의 모든
국왕이나 바라문등이
사찰이 허물어지고 불상이 훼손된 것을 보고 마음을 내어 보수하되, 스스로 하거나 남에게 권하여 많은 이들에게 보시 인연을 맺어주면, 이 국왕등은 백천생동안 항상 전륜성왕이 되고, 함께 보시한 다른 사람들도 백천생동안 작은 나라의 왕이 되느니라. 거기에 다시 회향하는 마음까지 낸다면 모두가 다 불도를 이루리니 이러한 과보는 한량이 없느니라.

지장보살이여!
미래세의 모든

국왕이나 바라문등이
늙고 병든이나 해산하는 여인을 보고, 한 생각 만이라도 큰 자비심을 일으켜 의약·음식·침구등을 보시하여 안락하게 해주면, 이러한 복리는 매우커서 이루 생각할 수 없느니라.
일백겁 중에 항상 정거천주(淨居天主)가 되고, 이백겁 동안은 항상 욕계의 육욕천주(六欲天主)가 되며, 영원히 악도에 떨어지지 아니하고 백천생에 괴로운 소리가 들리지 않아 필경에 성불하리라.

지장보살이여!
만약 미래세의
모든 국왕과 바라문등이

이 같은 보시를 하면 무량복을 얻고,
다시 법계에 회향하면 마침내 성불하게 되
나니, 어찌 제석천과 범천, 전륜왕의 과보
를 얻지 못하리오.
그러므로 지장보살이여!
그대는 중생들에게 널리 권하여 이와같은
보시를 배우게 할지니라.

지장보살이여!
미래세의 선남자 선여인이
불법 중에서 털끝만큼의 매우 작은
선근을 심어도 받는 복과 이익은
무엇에도 비유할 수 없느니라.

지장보살이여!

미래세의 선남자 선여인이
불보살님 존상에 보시 공양한다면,
항상 인간이나 하늘에 태어나
한량없는 복과 즐거움을
누리게 되느니라.
만약 이 공덕을 법계에 회향하면
이 사람이 얻는 복리는 무량하리라.

지장보살이여!
미래세의 선남자 선여인이
대승경전의 한 게송, 한 구절이라도 듣고
소중한 마음을 내어 찬탄공경하고 보시공양한다면, 이 사람은 한량없는 복을 얻게 되며 만약 법계에 회향하면 그 복은 가히 비유할 수 없느니라.

지장보살이여!
만약 미래세의 선남자 선여인이
경전을 보시 공양하고 탑과 절을 보수하며
어려운 이를 돕되, 이를 모두 법계에 회향
하면 백천생 동안 매우 수승한 즐거움을
누리리라.

만일 공덕을 가족과
자신의 이익만 위해 회향한다면,
이러한 과보는 삼생(三生) 동안만의
복이 될 뿐이니,
이는 만가지 복중에서
하나만을 얻는것이 되느니라.
지장보살이여!
보시(布施)의 인연 공덕이 이러하니라."

제 11, 지신호법품
地神護法品

(땅의 신들이 불법을 보호하는 품)

그때 땅의 신인 견뢰지신(堅牢地神)이 부처님께 아뢰었다.
"세존이시여!
제가 옛부터 한량없는 대보살을 우러러 뵙고 예배하였사온데, 모든 보살마하살이 불가사의한 신통력과 지혜로써 널리 중생을 제도하시옵니다.

하오나 지장보살마하살은
그 모든 보살들보다도
서원이 더 깊나이다.

세존이시여!
지장보살마하살은
저 염부제와 큰 인연이 있나이다.
문수·보현·관음·미륵보살 또한
백천으로 형상을 나투어
육도의 중생을 제도하시오나,
지장보살마하살은
육도의 모든 중생을 끝없이 교화하시며 서원을 세운 겁수가, 천백억 항하의 모래알 수와 같나이다.

세존이시여!
제가 살펴보건대,
지장보살의 형상을 그리거나
금·은·동·철 등으로
지장보살의 형상을
조성하여 모시고 향을 올려
우러러 예배하고 찬탄한다면,
이 사람은 열가지의 이익을
얻게 되나이다.

열가지라 함은,
첫째는 토지에 풍년이 들고,
둘째는 집안이 늘 평안하며,
셋째는 조상들이 천상에 나고,
넷째는 가족들은 장수하며,

다섯째는 원하는 것이 이뤄지고,
여섯째는 수재나 화재가 없으며,
일곱째는 재물이 헛되게 소모되지 않고,
여덟째는 악몽이 사라지며,
아홉째는 출입시에 선신이 보호하고
열번째는 부처님을 만나게 되나이다.

세존이시여!
세상 사람들이 머무른 곳에서도 지장보살님께 경전을 독송하고 공양을 올린다면 역시 같은 이익을 얻게 되나이다."

견뢰지신이 다시
부처님께 아뢰었다.
"세존이시여!

어떤 선남자 선여인이
머무는 곳에서 지장보살의 그림이나 존상을 모시고 경전을 독송하고 공양을 올리면, 제가 본신력을 다해 밤낮으로 이 사람을 보호하여 물·불·도둑이나 크고 작은 횡액등의 나쁜일이 없게 하겠나이다."

부처님께서
견뢰지신에게 이르셨다.
"견뢰지신이여!
그대의 위신력을
모든 신들이 미치지 못하니라.
왜냐하면 염부제의 토지가
모두 그대의 보호를 받으며,
돌과 모래 초목이나, 벼와 대와 갈대, 곡식

과 보배등도 모두 땅으로 인하여 있는 것이니, 이 모두는 다 그대의 힘을 입고 있는 것이니라.

또한 그대가 지장보살께 공양올리는 이익에 대하여 그렇게 찬탄하니, 그대의 공덕과 신통은 보통의 지신들보다도 백천배가 되느니라.

만약 미래세에
선남자 선여인이 지장보살께
공양 올리고 이 경을 독송하되,
이 지장본원경에 의지하여
다만 한가지 일이라도 실천한다면,
그대는 마땅히 본신력으로 그를 옹호하여

재해와 여의치않은 일들이 귀에 들리지도 않게 할 터인데, 하물며 그로 하여금 피해를 보게 하겠느냐?

단지 그대 혼자만이 이 사람을 옹호하는 것이 아니라, 제석천과 범천의 권속들이 다 이 사람을 옹호하느니라.

어찌하여 하늘 성현들의
옹호를 받게 되는가?
이는 다 지장보살의
존상에 예경하고
지장본원경을 독송한 까닭이며,
이 사람은 마침내 고해를 벗어나
반드시 열반의 즐거움을
얻게 되느니라."

제 12, 견문이익품
見聞利益品

(보고 들어서 이익을 얻는 품)

그때 세존께서
정수리로부터 백천만억의 광명을
놓으셨으니 이른바,
백호상광(白毫相光)과 대백호상광이며
서호상광(瑞毫相光)과 대서호상광이며
옥호상광(玉毫相光)과 대옥호상광이며
자호상광(紫毫相光)과 대자호상광이며
청호상광(靑毫相光)과 대청호상광이며

벽호상광(碧毫相光)과 대벽호상광이며

홍호상광(紅毫相光)과 대홍호상광이며

녹호상광(綠毫相光)과 대녹호상광이며

금호상광(金毫相光)과 대금호상광이며

경운호상광(慶雲毫相光)과

대경운호상광이며

천륜호광(千輪毫光)과 대천륜호광이며

보륜호광(寶輪毫光)과 대보륜호광이며

일륜호광(日輪毫光)과 대일륜호광이며

월륜호광(月輪毫光)과 대월륜호광이며

궁전호광(宮殿毫光)과 대궁전호광이며

해운호광(海雲毫光)과 대해운호광이었다.

정수리에서 이와 같은
광명을 놓으시고 나서,

미묘한 음성으로 여러 대중과
천룡팔부와 사람과 사람아닌
이들에게 이르셨다.
"들으라!
오늘 도리천궁에서
지장보살이 인간과 천상을
이익되게 하는 불가사의한 일과,
성인의 지위에 오르게 하는일과,
십지를 증득하는 일과,
위없는 깨달음 묘각(妙覺)에서
물러나지 않는 성스러운 일을
칭찬하고 찬탄하리라."

이 말씀을 하실때,
자리에 계셨던 관세음보살께서

일어나시어 무릎을 꿇으시고
합장하여 부처님께 아뢰시었다.
"세존이시여!
지장보살마하살께서
대자비로 죄지어 고통받는 중생들을 가엾이 여기시어, 천만억 세계에 천만억의 몸을 나투시는 공덕과 불가사의한 위신력을, 세존께서 시방의 모든 부처님과 더불어 이구동성으로 찬탄하심을 저는 이미 들었나이다.

어찌하여 과거·현재·미래의
모든 부처님께서 그 공덕을 말씀하셔도
오히려 능히 다 말씀하시지 못한다
하시옵니까?

또한 앞서도 세존께서 널리 대중에게, 지장보살께서 중생을 이롭게 하시는 공덕에 대하여 찬탄하심을 뵈었나이다.

바라오니 세존이시여!
현재와 미래의 일체 중생을 위하시어 지장보살님의 불가사의한 공덕을 말씀하셔서, 천룡팔부들로 하여금 우러러 예배하고 복을 얻게 하옵소서."

부처님께서
관세음보살님께 이르셨다.
"그대는 사바세계와 큰 인연이 있어
하늘과 용이거나, 남자 여자거나,
신이나 귀신이거나, 육도(六道)의

죄업중생들이 그대의 이름을 듣거나,
형상을 보거나, 흠모하거나 찬탄하면
모두 위없는 진리에서 물러나지 않고,
항상 인간이나 천상에 태어나
뛰어난 즐거움을 얻게하며,
인과를 점차 성숙하게 하여
부처님의 수기를 받게 함이로다.

그대가 이제 대자비로 중생들과 천룡팔부를 불쌍히 여겨, 하늘과 인간을 이롭게 하는 지장보살의 불가사의한 일을 듣고자 하니, 그대는 잘 들으라!
내 이제 말하리라!"

관세음보살께서 부처님께 아뢰시었다.

"그러하겠나이다.
세존이시여!
기쁘게 듣겠나이다."

부처님께서
관세음보살님께 말씀하시되,
"현재와 미래의 모든 천인들이 천복이 다하여 다섯가지 쇠퇴하는 모습이 나타나 악도에 떨어지게 되었을 때,
그 천인(天人)들이 지장보살의 형상을 보거나 명호(名號)를 듣고, 우러러 한 번만 절을 해도 천상의 복이 더욱 더하여 큰 즐거움을 받게되며, 길이 삼악도의 과보를 받지 않으리라.
하물며 이 보살을 보고 들어 향과 꽃, 의

복·음식·보배등을 보시하고 공양하면 어떠하겠는가? 얻는 공덕과 복리는 가이 없느니라.

관세음보살이여!
만약 현재와 미래의 육도중생이 임종시에 지장보살의 명호를 얻어들어서, 한 소리만 귓가를 스치더라도 이 모든 중생들은 영원히 삼악도의 고통에 떨어지지 아니하리라. 하물며 부모나 가족들이 목숨을 마치는 사람의 집과 재물등을 팔아, 지장보살의 형상이나 탱화를 조성하여, 병든 사람이 죽기 전에 눈으로 보게하고 귀로 듣게하는 것이겠는가?

잘 알아라!
가족들도 그들 자신을 위하여
지장보살의 형상을
조성하거나 그림으로 그리면,
이 사람의 업보가 중병을 받을만 하더라도
이 공덕을 입어서 곧 병이 낫고 수명이 더하리라.

이 사람이 만약 업보로 수명이 다하여 죄업으로 악도에 떨어지게 되더라도, 이 공덕으로 명을 마친 뒤에 곧 인간과 천상에 태어나서 수승한 즐거움을 받고 모든 죄장이 소멸하리라.

관세음보살이여!
만약 미래세에 어느 사람이,

어려서 헤어진 부모와 가족이 사후에 어느 세계로 태어났는지 알 수 없더라도, 이 사람이 지장보살의 형상을 조성하거나 그려 모시거나 하여,
한번 우러러 명호를 부름에 한번 절하기를 칠일에 이르도록 예배 공양한다면, 이 정성의 공덕으로 선망부모 권속들이 악도에 떨어질 처지라도, 모두 해탈을 얻어 인간세나 천상에 태어나 뛰어난 즐거움을 누리게 되리라.

선망부모 권속들이 복을 지어 이미 인간과 천상에서 즐거움을 누리고 있다면, 이 공덕으로 더욱 즐거움이 더하게 되리라.
그리고 다시 21일 동안 지극한 마음으로

지장보살 형상에 우러러 예배하고 명호를
불러 만번을 채우면,
지장보살이 가없는 몸을 나타내어 이 사람의 가족이 태어난 곳을 알려주거나, 꿈에 보살이 큰 신통력을 나타내어 친히 이 사람을 데리고 여러 세계로 가서 가족들을 보여줄 것이니라.

또 날마다 지장보살 명호를
지극히 천번씩 불러 천일이 되면,
지장보살은 그가 사는곳의 토지신을 시켜 그의 목숨이 마칠때까지 보호하여, 현세에 의식이 풍족하고 질병과 고통이 없어지며, 일체 횡액이 그의 몸과 집안에 들지 못하리라.

이 사람은 마침내 지장보살로부터 마정수기를 받게 되리라.

관세음보살이여!
만약 미래세의 선남자 선여인이
큰 자비심으로 일체 중생을 제도하고자 하거나,
위없는 깨달음을 성취하여 삼계의 윤회고통을 벗어나고자 하는 사람들이,
지장보살에게 지극한 마음으로 귀의하되 향화와 공양을 바쳐 우러러 예배한다면, 이들의 소원이 속히 이뤄져 장애가 없느니라.

관세음보살이여!
만약 미래세의 선남자 선여인이

갖가지 소원을 이루고자 할때,
지장보살에게 지성으로
귀의예배하고 공양찬탄하면
구하는 바가 속히 성취되며,
지장보살께서 오래도록
나를 보호해 주시길 원한다면,
이 사람은 꿈속에서
곧 지장보살의 마정수기를
받을 것이니라.

관세음보살이여!
만약 미래세의 선남자 선여인이
밝은 스승을 만나, 대승경전을 익혀 독송하고 외우려 하여도 금방 잊어버리는 사람은, 묵은 업장 때문이니 지장보살께 공경을 다

하여 그 사실을 아뢰고,
향화등으로 공양하고
깨끗한 물 한그릇을 올려,
하루 낮밤 동안 기도를 마친후에 지장보살님께 '물을 마시옵니다' 하고 남쪽을 향해 마실지니라.

　마시고 나서는 오신채와 술과 고기를 먹지않고 사음과 망어·살생을 7일 혹은 21일 동안 삼가면 꿈속에 지장보살이 가없는 몸을 나투어 이 사람의 이마에 물을 부어 주느니라.
　꿈을 깨고나면 곧 총명을 얻어서 경전의 글귀가 귀가에 스치기만 하여도 기억하여 다시는 한 구절 계송도 잊지 않으리라.

관세음보살이여!

만약 미래세의 사람들이

의식이 궁핍하고 질병과 흉한일이 많아서, 집안이 불안하고 가족이 흩어지거나 몽중에 무서운 꿈으로 많이 놀란다면, 지장보살을 지극히 공경하며 만번을 부를지니라. 그리하면 어려움과 불안이 점점 사라지고 안락해져서, 의식이 넉넉하고 수면도 편안하리라.

관세음보살이여!

만약 미래세의 선남자 선여인이

어떠한 연유로 해서 깊은 산림에 들어가거나, 강과 바다를 건너거나, 험한길을 지날 때, 먼저 지장보살의 명호를 만번 부른다면 그가 지나는 토지신이 그를 보호하여 행주좌와 모든일이 편안하며 짐승들의 해를 입지 않으리라.

관세음보살이여!
이 지장보살은 인간세계에
큰 인연이 있느니라.
만약 모든 중생들이
지장보살을 부르고 예경한 공덕의
이익을 얻음에 대해 말하자면
백천겁에도 능히 다하지 못하리라.
이러하므로 관세음보살이여!
그대는 신통력으로 이 경전을 유포하여,
사바세계 중생으로 하여금 백천만겁에 안락케 하길 바라노라.

그때 세존께서
게송으로 설하시었다.

이제내가　지장보살　위신력을　살펴보니
항하사겁　무궁토록　다말하지　못하리라
일념동안　잠깐사이　우러러서　예올리면
인간이나　하늘세계　이로운일　한없으리
죄업많은　사람들과　천상세계　용신들이
지은복이　다하여서　악도세계　떨어질때
지장보살　대성인께　일심으로　귀의하면
수명복은　더욱길고　다생업장　멸하리라
어렸을적　부모잃고　젊었을적　배우잃어
어느곳에　태어났나　이리저리　알길없고

형제자매 가족들의 얼굴조차 못봤어도

지장보살 존상전에 지성으로 기도하되

슬픈마음 다하여서 잠시라도 쉬지않고

스무하루 삼칠일을 지장명호 부른다면

보살께서 화현하여 당인앞에 나투시어

부모권속 계신곳을 명명하게 보여주고

악취중에 있더라도 공덕입어 해탈하리

만약능히 기도정진 처음처럼 견고하면

대보살의 마정수기 무량복을 얻으리라

또한능히 깨달음을 이루려는 사람이나

영원토록 삼계윤회 벗어나려 하는이는

중생제도 하리라는 큰발심을 일으켜서

응당먼저 지장보살 마하살을 우러르면
일체소원 성취하여 모든장애 사라지리
고통중생 건지리라 대원세워 발심하고
대승경전 독송해도 자주자주 잃어짐은
여러생의 업장이라 외우기가 어려우니
좋은향과 꽃과음식 보살전에 공양하고
깨끗한물 정성으로 간절하게 올리고서
하루낮과 하루밤을 기도한후 마신뒤에
조심스런 마음으로 오신채와 음주식육
사음행과 거짓말등 일체악행 아니짓고
스무하루 근신하여 지장보살 잊잖으면
꿈속에서 친견하고 깨고나면 눈귀밝아

대승경전 글귀들이 귓가에만 스쳐가도
천만생중 오래도록 다시잊지 않으리니
상서로운 이런가피 지장보살 신력이라
인연있는 모든중생 큰지혜를 얻으리라
살림살이 빈궁하고 독한병에 시달리며
집안점점 쇠퇴하여 가족들이 흩어져서
잠결에도 편치않고 하는일도 어긋날때
지장보살 마하살께 지성으로 예경하면
일체장애 소멸하고 잠결에도 편안하며
의식주가 풍요롭고 선신들이 보호하리
깊은산림 들어가고 큰바다를 항해할때
맹수들과 악인들과 갖은병이 괴롭혀도

지장보살 마하살께 귀의하고 공경하면
일체병고 횡액들이 다시침범 못하리라
관음이여 지심으로 나의말을 들어보라
지장보살 마하살의 부사의한 위신력은
백천만겁 영겁토록 다말하지 못하리니
관음이여 신력으로 이경전을 널리펴라
지장명호 들은이와 지장보살 친견한이
향화올려 공양하고 백천가지 이익얻네
다함없는 이공덕을 온법계에 회향하면
생사고해 뛰어넘어 마침내는 성불하니
관음이여 지장경을 온세계에 알리어라

제13, 촉루인천품
囑累人天品

(하늘과 사람을 지장보살께 부촉하시는 품)

그때 세존께서 금빛 팔을 드시어
지장보살마하살의 이마를
어루만지시며 말씀하시었다.
"지장, 지장이여!
그대의 신력은 불가사의 하도다.
그대의 자비는 불가사의 하도다.
그대의 지혜는 불가사의 하도다.
그대의 변재는 불가사의 하도다.

시방의 모든 부처님께서
천만겁 동안 찬탄할지라도
그대의 불가사의한 공덕은
다 말하지 못하리라.

지장, 지장이여!
내가 오늘 백천만억의 불보살과
천·용 등의 모든 무리들이 모인
이 도리천궁의 큰 모임에서,
인간과 천상의 모든 무리들을
다시 부촉하노니, 모든 중생들로 하여금
단 하루라도 악도에 떨어지지 않게해야
함이온, 어찌 오무간지옥에 떨어져
천만억겁을 지내도 나올 기약이
없게 하리요!

지장보살이여!
중생들은 근기와 성품이 약하여
악을 행함이 많고 비록 착한 마음을
내어도 곧 사라지느니라.
만약 악한 인연을 만나면 생각마다 악이
더하니, 이런 까닭으로 내가 몸을 백천만
억으로 나투어 그들을 제도하고 해탈시키
는 것이니라.

지장보살이여!
내가 이제 간절히
인간과 천상의 무리들을
그대에게 부촉하노니,
만약 미래세의 선남자 선여인이 불법가운
데서 모래알 만한 작은 선근이라도 심으

면, 그대는 도력으로 그 사람을 보호하여
물러섬이 없는 위없는 도를 닦게 하라.

지장보살이여!
만약 미래세의 중생들이
업보에 따라 악도에 떨어지게 될때,
불보살님의 명호나 대승경전의
한 구절만 외우더라도,
그대는 신통과 방편으로 끝없는 몸을 나타
내어 지옥을 부수고, 하늘에 태어나 수승
한 즐거움을 누리게 하라."

부처님께서 다시
게송으로 말씀하셨다.
　　"현재와 미래세의 모든 중생을

내 이제 그대에게 부촉하노니
그대는 대신통과 방편력으로
악도에 떨어지지 않도록 하라"

이때 지장보살마하살께서
무릎 꿇어 합장하고
부처님께 아뢰었다.
"세존이시여!
염려하지 마옵소서.
만약 미래세의 선남자 선여인이
불법에 대해 한 생각 공경심만 일으켜도,
저는 백천가지 방편으로 그 사람을 제도하여 속히 해탈케 할 것이옵니다.
하물며 선행을 하는 사람이겠습니까!
이 사람은 영원히 바른 깨달음에서 물러나

지 않게 될 것이옵니다."

이 말씀을 하실 때,
허공장보살께서 부처님께 아뢰었다.
"세존이시여!
저는 부처님께서
지장보살님의 불가사의한
위신력을 찬탄하시는 것을
잘 들었나이다.
만약 미래세에 선남자 선여인과 하늘대중 등이 이 경전과 지장보살의 명호를 듣거나, 지장보살의 형상에 우러러 절을 한다면 몇 가지의 복과 이익을 얻게 되옵니까?
세존이시여!
모든 중생을 위하여

간략히 말씀하여 주옵소서!"

부처님께서 말씀하셨다.
"자세히 들으라!
내 마땅히 그대를 위해 분별하여 말하리라.
만약 미래세의 선남자 선여인이
지장보살의 형상 앞에
이 경을 독송하고,
꽃과 향과 공양물을 보시하고
우러러 예배찬탄하면 스물여덟가지
이익을 얻게 되나니,

1. 하늘과 용이 지켜주고
2. 좋은 과보가 날로 더하고
3. 성인과 좋은 인연이 더하고

4. 보리도(菩提道 : 깨달음)를 이루고

5. 의식(衣食)이 풍족하고

6. 질병이 침범하지 아니하고

7. 물·불의 재앙이 없고

8. 도둑의 액난이 없고

9. 사람들로부터 존경을 받고

10. 선신이 도와주고

11. 여자는 다음생에 남자가 될 수 있고

12. 여자라면 훌륭한 가문에 태어나고

13. 용모가 아름답고

14. 많은 생을 천상에 태어나고

15. 때로는 제왕이 되기도 하고

16. 전생과 내생을 알게 되고

17. 구하는 바가 뜻대로 이루어지고

18. 가족·친척들이 모두 화목하고

19. 모든 횡액이 소멸하고
20. 악업의 길이 소멸하고
21. 가는 곳마다 막힘이 없고
22. 잠결에 꿈이 편안하고
23. 조상님들이 편안하고
24. 숙세의 복을 받아 태어나고
25. 모든 성현께서 찬탄하고
26. 총명하여 근기가 수승하고
27. 마음에 자비심이 가득하고
28. 마침내는 성불하는 것이니라.

허공장보살이여!
또한 현재와 미래에 천룡귀신등이 지장보살의 명호를 듣거나, 예배하거나,
지장보살의 본원(本願)등의 일을 듣고

수행찬탄하고 우러러 절한다면,
일곱가지 이익을 얻게 되나니,

1. 속히 성현의 지위에 오르고
2. 악업이 소멸되고
3. 모든 부처님께서 지켜 주시고
4. 깨달음에서 물러서지 아니하고
5. 본원력이 더욱 증장되고
6. 전생일을 통달하고
7. 필경에 성불하느니라

그때 시방(十方)에서 오신
모든 불보살님과
천룡팔부등 천중(天衆)이,
석가모니불께서 지장보살의

불가사의한 큰 위신력을
드높여 찬탄하심을 듣고,
일찍이 없었던 일이라며
찬탄하시었다.

이때 도리천에 한량없는 향과 꽃이며
하늘옷과 보배구슬이 비오듯 내려
석가모니 부처님과
지장보살님께 공양하였고,
도리천궁의 대법회에 자리했던
모든 대중들이 다시금 우러러 절하고는
합장하고 물러 갔다.

지장보살 정근(精勤)

나무 유명교주 남방화주 대원본존 지장보살
南無 幽冥敎主 南方化主 大願本尊 地藏菩薩

(시간에 따라 지극한 마음으로 부릅니다.)

지장보살 멸정업진언 (정해진 업을 멸하는 진언)

옴 바라 마니다니 스바하(세번)

지 장 대 성 위 신 력 地藏大聖威神力	지장보살 대성인의 위신력이여!
항 하 사 겁 설 난 진 恒河沙劫說難盡	항하사 겁토록 찬탄해도 다 말할 수 없네.
견 문 첨 례 일 념 간 見聞瞻禮一念間	보고 듣는 잠깐이라도 우러러 예배한다면
이 익 인 천 무 량 사 利益人天無量事	사람과 천중들의 이익이 무량하리라.
고 아 일 심 귀 명 정 례 故我一心歸命頂禮	그러므로 제가 일심으로 목숨바쳐 정례하옵니다.

지장보살 츰부다라니

(구족수화 길상광명 대기명주 총지장구)
具足水火 吉祥光明 大記明呪 摠持章句
(물·불과 온갖 길상광명이 구족한 크고 밝은 법문)

아 어 과 거 긍 가 사 등　　불 세 존 소
我於過去殑伽沙等　佛世尊所
"저는 과거 항하의 모래수 부처님 회상에서

친 승 수 지　 차 다 라 니
親承受持　此陀羅尼
이 다라니를 친히 이어받아 지녀서

능 령 증 장　 일 체 백 법
能令增長　一切百法
능히 일체 모든 청정법을 증장시켰사오며

증 장 일 체 종 자　 근 수 아 경
增長一切種子　根鬚芽莖
모든 종자와 뿌리·넝쿨·싹·줄기와

지 엽　 화 과　 약 곡　 정 기　 자 미
枝葉　華菓　藥穀　精氣　滋味
가지·잎·열매와 약·곡식·정기와 좋은 맛을 증장시켰사오며

증 장 우 택
增長雨澤
비를 내려 만물을 키우고

증 장 유 익 지 수 화 풍
增長有益 地水火風
유익한 지수화풍을 더하여

증 장 희 락
增長喜樂
기쁨과 즐거움을 더하게 하고

증 장 재 보
增長財寶
재물과 보배를 더하게 하고

증 장 승 력
增長勝力
수승한 힘을 더하게 하고

증 장 일 체 수 용 자 구
增長一切 受用資具
일체 생활에 필요한 온갖 물품을 더하게 하였사옵니다.

차 다 라 니 능 령 일 체 지 혜 맹 리
此陀羅尼 能令一切 智慧猛利
이 다라니는 능히 일체 지혜를 용맹하고 날카롭게 하여

파 번 뇌 적 즉 설 주 왈
破煩惱賊 卽說呪曰
번뇌의 도적을 쳐부수옵니다." 하고
첨부 다라니를 설하셨다.

츰부다라니

츰부 츰부 츰츰부 아가서츰부 바결랍츰부
암발랍츰부 비라츰부 발절랍츰부 아루가츰부
담뭐츰부 살더뭐츰부 살더닐하뭐츰부
비바루가찰붜츰부 우붜섬뭐츰부
내여나츰부 뷜랄여삼므디랄나츰부
찰나츰부 비실바라여츰부 서살더랄바츰부
비여자수재 맘히리 담미 섬미 잡결랍시
잡결랍뮈스리 치리 시리 결랄붜뷜러발랄디
히리 벌랄비 뷜랄저러니달니 헐랄달니
붜러 져져져져 히리 미리 이결타 탑기 탑규로
탈리탈리 미리 뭐대 더대 구리 미리
앙규즈더비 얼리기리 붜러기리 규차섬믜리
징기둔기 둔규리 후루 후루 후루
규루술두미리 미리디 미리대
뷘자더 허러 히리 후루 후루루

지장경 요지(要旨) 해설

1.「도리천궁신통품」
부처님께서 도리천에 올라 어머니를 위하여 설법하실 때, 시방의 모든 불보살이 모여 찬탄하였으며, 여래가 미소를 머금으시고 놓으신 무량한 광명의 구름이 하늘을 수놓고, 오묘한 법의 음악이 허공에 울려 퍼지니 허공의 무량 천룡 귀신들이 이 큰 모임에 운집했다.
부처님께서 문수보살을 위하여 지장보살의 본생(本生 : 과거생의 수행인연)에 대해 설하셨다.

2.「분신집회품」
시방의 모든 지옥에서 죄고 중생을 교화하시는 지장보살의 분신들이 도리천궁으로 돌아와 세존을 뵈었으며, 세존께서 머리를 쓰다듬으며 중생들을 부촉(付囑)하셨다.

3.「관중생업연품」
부처님의 생모이신 마야부인이 지옥의 과보를 묻고, 지장보살께서 간략히 오무간(五無間)지옥에 대해 설명하셨다.

4.「염부중생업감품」
정자재왕 보살께서 거듭 지장보살의 과거의 수행인연에 대하여 묻자, 부처님께서 다시 간략하게 두 가지 일을 말씀하셨다.
사천왕(四天王)이 부처님께 지장보살이 세운 대서원의 방편을 여쭙자, 부처님께서 인과응보의 법에 대해 설하셨다.

5.「지옥명호품」
보현보살께서 묻자, 지장보살께서 철위산(鐵圍山)안에 있는 무간(無間)지옥을 비롯해 무수한 지옥과 그 고초에 대해 말씀하셨다.

6. 「여래찬탄품」

세존께서 무량광명을 놓으시어 시방세계를 비추시고 지장보살께서 불가사의한 위신력으로 죄업 중생을 건지심에 크게 찬탄하셨다. 보광보살께서 그 연유를 여쭙자 지장보살께 귀의·예경·공양을 올리는 이익에 대해 말씀하셨다.

7. 「이익존망품」

지장보살께서는, 중생들이 악을 끊고 선을 닦을 것을 권장하는 말씀을 부처님께 아뢰었다. 대변(大辯)장자가 산사람과 죽은사람의 공덕에 대해 묻자, 7분(分) 공덕을 설하시며 망자(亡者)는 하나를 얻는다고 하셨다.

8. 「염라왕중찬탄품」

귀왕(鬼王)과 염라천자가 부처님의 힘을 입어 도리천에 와서 중생들이 선업(善業)을 닦지 않고 악행(惡行)이 많은 연유에 대해 여쭙자, 부처님께서는 미로(迷路)를 헤메는 사람의 비유를 들어 설명하셨다.
악독(惡毒)과 주명(主命) 귀왕 등이 각각 좋은 뜻을 발하니 부처님께서 찬탄하셨다.

9. 「칭불명호품」

지장보살께서 중생을 이롭게 하기 위하여 과거 모든 부처님의 명호와 공덕을 설하셨다.

10. 「교량보시공덕연품」

지장보살께서 남에게 베푸는 보시(布施)의 공덕에 대해 여쭈니, 부처님께서 자세히 설명하셨다.

11. 「지신호법품」

견뢰지신(堅牢地神)이 지장보살께 예경·공양하면 열 가지 이익이 있음을 부처님께 아뢰었다.

12. 「견문이익품」
부처님께서 정수리로부터 백천만억의 광명을 놓으시니 관세음보살께서, 중생을 위하여 지장보살의 무량 공덕에 대하여 말씀해 주십사 하고 부처님께 청하신다.

13. 「촉루인천품」
부처님께서 다시 지장보살의 이마를 어루만지시며 모든 중생을 제도할 것을 부촉하신다.
허공장보살께서 지장보살을 뵙고 지장경전을 들어서 얻는 이익에 대해 여쭙자, 28종과 7종의 이익을 말씀하신다.

어려운 용어 해석

지장경(地藏經)

지장경은 지장보살본원경(本願經)의 약칭으로, 지장보살의 본생(本生 : 과거생의 수행인연)과 중생구제의 대비행(大悲行 : 중생에 대한 연민의 자비행)에 관한 중요한 경전이다.

특히 지장경은 부처님께서 어머니 마야부인께 설법하시기 위해 친히 도리천궁에 가신 일과, 지장보살께서 과거 전생에, 지옥에 빠져 고통받고 계신 어머니를 위하여 "죄고 중생을 모두 제도하리라" 하고 서원하신 점에서, 부모님께 대한 효심(孝心)과 모든 생명들에 대한 깊은 연민에서 우러나오는 발원과 서원이 얼마나 중요한가를 보여 주고 있다.

우전국(于闐國 : 현재 중국 신장성에 있었던 고대왕국)의 실차난타(實叉難陀 : 652~710)가 번역한 지장경은, 죄를 짓고 고통받는 중생들을 평등하게 해탈케 하려는 위대한 서원과 대원의 상징인 지장보살께서, 백천방편으로 쉼없이 교화하는 모습을 13품으로 나누어 자세히 설명한다.

지장보살(地藏菩薩)

지장보살은 관세음보살과 함께 중생들의 부름과 고통소리를 찾아, 잠시도 쉬지 않으시고 속히 다달아 근심과 슬픔을 어루만져 주시는 대비(大悲)보살이다. 지장보살은 이미 오랜 겁전(劫前)부터, "지옥에서 고통받는 일체 중생을 제도해 마치기 전에는 결코 성불하지 않으리라" 발하고, 도리천궁에서 석가모니불의 부촉(付囑)을 받아 크나큰 중생구제의 원을 세웠기에 "대원본존(大願本尊)과 함께 유명교주(幽冥敎主)라 칭한다.

지장보살은 범어로 "크시티 가르바"이니 "크시티"란 대지(大地)를 뜻하고, "가르바"란 태(胎) 또는 자궁(子宮)을 뜻하여 "함장(含藏)"이라 번역한다. 즉 땅이 일체 생명을 기르는 포용의 덕을 갖추고 있듯, 지장보살은 일체 생명을 보호하고 키워 주시는 "대지의 어머니"라는 의미이다.

본원(本願)

불보살님께서 수행 하실때 스스로 발한 서원(誓願)으로 아미타불의 48대원, 약사여래의 12대원, 보현보살의 10대원 등이 그것이다.

중국 동진 때의 여산 백련사(白蓮社) 개조(開祖)인 혜원(慧遠 : 334~416) 대사는 부처님의 본원을 섭법신(攝法身 : 성불하여 법신을 이루고), 섭정토(攝淨土 : 무량공덕으로 극락정토를 장엄하고), 섭중생(攝衆生 : 중생을 정토에 이끌어 안락케 한다)이라 하였으며, 선도(善導 : 613~681) 대사는 아미타불의 48대원 가운데 제18원(십념왕생원 : 아미타불을 열 번만 불러도 정토에 왕생함)을 말하며, 아미타불 명호를 부르는 것이 정토에 태어나는 본원이며 어떤 나쁜 사람도 구제 받을 수 있다고 했다. 특히 정토교(淨土教)에서는 아미타불의 48대원을 모든 세계를 초월하는 큰 서원이라 하여 초세홍원(超世弘願)이라 한다.

14쪽 7행 도리천궁(忉利天宮)

천(天)이란, 미(迷)한 상태의 세계인 지옥·아귀·축생·아수라·인간계와 하늘세계 가운데, 최승(最勝)의 유정(有情)이 생존하는 세계를 가리킨다. 천인(天人)·천중(天衆)이라고도 하고 대체로 신(神)이란 말에 해당한다.

욕계(欲界)·색계(色界)·무색계(無色界)의 삼계 가운데, 욕계 6천의 제2천으로 33천상 세계를 관장하는 제석천왕이 주하는 곳이다.

15쪽 1행 오탁악세(五濁惡世)

말세에 있어서 발생하는 피하기 어려운 사회적, 정신적, 생리적인 시대의 탁함이다.

1) 겁탁(劫濁) : 시대의 더러움으로, 이 시대에 생기는 기근 질병등의 천재나 전쟁등의 사회악을 말함.
2) 견탁(見濁) : 모든 사악한 사상과 견해가 무성한 것.
3) 번뇌탁(煩惱濁) : 탐욕·성냄·어리석음등의 여러 가지 정신적 악행이 넘쳐나는 것.

4) 중생탁(衆生濁) : 심신(心身)이 다함께 중생의 자질이 저하되는 것.
5) 명탁(命濁) : 건전하고 바르지 못한 마음으로 삶의 생활이 거칠어짐.

16쪽 11행 보시바라밀 ~ 사자후의 법문이요

"바라밀(波羅密)"은 범어 "파라미타"의 음역으로 바라밀다(波羅密多)라고도 쓰고, 도피안(到彼岸 : 깨달음의 저 언덕에 이른다)이라 번역한다. 즉 미혹의 이 언덕에서 깨달음의 저 언덕에 이른다는 말로, 중생으로서 여섯가지의 거룩한 수행을 통해 고해를 벗어난다는 의미다. 육바라밀(六波羅密)·십바라밀(十波羅密)이 있다.

1) 보시(布施)바라밀 : 재물·편안함·불법을 베풀어 주고 타인의 어려움을 도와주는 윤리적 실천이다.

2) 지계(持戒)바라밀 : 대소 일체의 계와 율을 견고히 지켜 악업을 멸하고 몸과 마음의 청정을 얻는 것이다.

3) 인욕(忍辱)바라밀 : 여러 가지 모욕이나 고통을 참고 받아 원한과 노여움을 없애고 마음을 움직이지 아니하는 수행.

4) 정진(精進)바라밀 : 여러 바라밀을 힘써 실천하여 잡념을 버리고 한 마음으로 불도를 닦아 게으름이 없게 함.

5) 선정(禪定)바라밀 : 마음의 산란함을 그치고 일념으로 염불삼매 또는 마음의 근원을 관조함이다.

6) 반야(般若)바라밀 : 보살이 제법개공(諸法皆空)의 진실된 지혜로 깨달음을 열어 성불함.

7) 자비희사(慈悲喜捨) : 불보살님의 네가지 한량없는 마음으로 즐거움을 주고(慈), 고통을 없애고(悲), 같이 기뻐하고(喜), 아낌없이 베풀어 준다(捨). 이것이 사무량심(四無量心)이다.

8) 무루해탈(無漏解脫) : 무루(無漏)란 빠져 새나감이 없다는 말로, 청정 수행으로 다시는 번뇌의 더럽힘이 없는 청정열반의 경계를 말한다.

9) 사자후(獅子吼) : 백수(百獸)의 왕인 사자가 포효(咆哮)하면 뭇 짐승들이 혼비백산하듯, 부처님의 설법은 진리의 말씀이므로 두려움 없는 무외음(無畏音)이란 뜻.

17쪽 12행 사천왕천(四天王天) ~ 비상비비상처천(非想非非想處天)
욕망이 남아 있는 욕계(欲界), 욕계처럼 탐욕은 없으나 아직 색법을 벗어나지 못한 색계(色界), 색상(色想)을 떠나 물질을 초월한 무색계(無色界)로 천상세계를 총망라한 하늘세계.

18쪽 13행 사바세계(娑婆世界)
"사바(娑婆)"는 범어이고 이쪽의 뜻으로는 인(忍 : 참음), 감인(堪忍 : 견디어 참음), 능인(能忍 : 능히 참음)이다. 즉 이 땅의 중생은 여러 가지 번뇌와 역경을 참아 나가야 하는 모든 중생이 같이 살고 있는 땅이란 의미다.

19쪽 12행 문수사리 법왕자(文殊師利 法王子)
대승보살 가운데 매우 존귀한 성인이시다.
문수는 묘(妙)의 뜻이고, 사리는 길상(吉祥)의 뜻이므로 "지혜가 가득한 대공덕"이라는 뜻이 된다. 그러므로 문수보살은 묘덕(妙德), 묘길상(妙吉祥)이란 궁극의 진리를 의미하는 성인의 명칭이다.
화엄경에서는 비로자나불(석가모니불의 진신인 법신)의 협시(脇侍) 보살로서 보현보살과 더불어 부처님의 교화를 돕는 보처(補處)보살이다. 항상 사자를 타고 있는 모습으로 법의 위엄과 용맹을 나타내는 문수보살은 오른쪽엔 지혜의 칼을 들고, 왼손엔 연꽃을 들어 보이신다.
법왕자(法王子)란 말은 문수보살은 법왕(부처님)의 왕자이며 다른 보살보다 제일 상수(上首)이기 때문이다.

21쪽 7행 천룡팔부(天龍八部)
불법(佛法)을 수호하는 여덟 신장(神將)이란 뜻으로 팔부신장 가운데 천·룡이 상수(上首)가 되므로 이렇게 이름, 곧 천(天), 룡(龍), 야차(夜叉), 건달바(乾闥婆), 아수라(阿脩羅), 가루라(迦樓羅), 긴나라(緊那羅), 마후라가(摩睺羅伽).

22쪽 5행 삼천대천세계(三千大千世界)
고대 인도인의 세계관에서 전 우주를 가리키는 말이다.

23쪽 2행 십지과위(十地果位)
지(地)는 주처(住處) 또는 생성(生成)의 뜻이니, 머물고 가꾸고 육성함에 따라 나타나는 것처럼, 십지(十地)라고 하는 성불을 눈앞에 둔 십지과위(十地果位)는, 십신(十信), 십주(十住), 십행(十行), 십회향(十回向)의 성스러운 수행을 거쳐, 중생구제와 보살만행(菩薩萬行)의 무량공덕으로 열가지의 확실한 성지(聖地 : 성인의 지위)에 오르게 됨을 말한다.
1) 환희지(歡喜地) : 성인의 반열에 올라 크게 기쁜 마음이 일어나는 자리.
2) 이구지(離垢地) : 더 이상 계를 파하거나 번뇌의 속박에 구속되지 않는 자리.
3) 발광지(發光地) : 번뇌를 여읜 그 자리에 지혜가 드러나는 자리.
4) 염혜지(焰慧地) : 지혜의 불이 번뇌의 섶을 태우는 불꽃으로 인하여 지혜의 본체를 깨닫는 자리.
5) 난승지(難勝地) : 이루기 어려운 출세간의 지혜를 얻어서 자유자재한 방편으로 중생을 구원하는 자리.
6) 현전지(現前地) : 마음 광명의 대지혜가 목전에 나타나는 자리.
7) 원행지(遠行地) : 일체 상(相)을 떠난 맑은 행으로 더욱 불지(佛地)를 향해 나가는 자리.
8) 부동지(不動地) : 불퇴전의 견고한 성인의 길로 들어가 다시는 마음의 번뇌가 일지 않는 자리.
9) 선혜지(善慧地) : 부처님 같은 지혜를 갖춰 두려움 없는 설법과 이타행(利他行)으로 중생을 교화하는 자리.
10) 법운지(法雲地) : 비구름이 감로수를 뿌려 일체 생명을 기르듯, 대지혜와 능력을 갖춘 위신력으로 중생을 안락케 해주는 자리.

이상은 십지(十地)에 대한 설명이며, 이 십지의 단계는 성불(成佛)하기까지 수행과정의 한 부분이다. 수행을 통하여 부처를 이루기까지 십지

(十地)를 합해 52수행위(修行位)가 있으니 다음과 같다.

1. 십신(十信)

보살의 수행 계위(階位) 52位중, 제1位에서 제10位까지 범부가 처음으로 믿는 마음을 내서 깨닫기를 일으키는 지위.

1) 신심(信心) : 부처님의 가르침을 결정코 믿는 마음.
2) 염심(念心) : 부처님의 가르침을 새겨 잊지 않는 마음
3) 원심(願心) : 부처님처럼 깨달음과 중생구제하기를 발원하는 마음.
4) 정진심(精進心) : 일으킨 큰 발원을 이루도록 정진에 힘쓰는 마음.
5) 불퇴심(不退心) : 부처님같은 용맹정진으로 결코 물러남이 없는 마음.
6) 호법심(護法心) : 부처님의 바른 깨달음은 '위 없고 바르고 완전한 진리'이므로, 영겁에 보호하여 지키는 마음.
7) 회향심(廻向心) : 선행(善行)과 수행(修行)으로 얻은 공덕을 모두에게 돌려주는 마음.
8) 계심(戒心) : 부처님께서 말씀하신 계율에서 어긋나지 않는 바른 몸과 마음가짐.
9) 정심(定心) : 마음을 평정하여 늘 고요하고 흔들리지 아니함.
10) 혜심(慧心) : 바른 몸과 마음은 그릇이 되고, 그릇에 담긴 물은 흔들리지 아니하는 마음이 되어서, 허공의 밝은 달이 물속에 그대로 나타나는 것이 지혜의 마음임.

2. 십주(十住)

보살의 수행 계위(階位) 52位 가운데, 제 11位에서 제20位까지 참된 진리에 안주하는 지위.

1) 발심주(發心住) : 참다운 발심으로 진리세계로 들어감.
2) 치지주(治地住) : 마음을 쉬고, 비우고, 내려놓아 청정케 함.
3) 수행주(修行住) : 마음의 묵은 습기(習氣)는 물리치기 어려우므로 끝없는 선행을 닦아 마음을 기름.
4) 생귀주(生貴住) : 만선만행(萬善萬行)의 보살행을 닦으므로 부처님

같은 존귀한 모습이 나타남.

5) 구족방편주(具足方便住) : 중생을 이끄는데 있어, 매우 뛰어난 방편을 구족함.
6) 정심주(正心住) : 마음 씀씀이가 부처님께서 설하신 팔정도(八正道)에서 벗어나지 아니함.
7) 불퇴주(不退住) : 신심(身心)이 바른 도와 하나돼, 수행이 날마다 증장하여 물러나지 아니함.
8) 동진주(童眞住) : 천진자성(天眞自性)과 하나돼 마음의 맑기가 천진함.
9) 법왕자주(法王子住) : 성인(聖人)의 지혜가 생겨 성위(聖位)에 나아감으로 진리의 상속자가 됨.
10) 관정주(灌頂住) : 보살이 이미 법왕자가 되어 부처님의 일(佛事)을 감당할만 하므로, 부처님께서 지혜의 물(智水)로 정수리에 부어 증명하심.

◎ 초발심주로부터 제4의 생귀주에 이르기까지를 성인의 태(胎)에 든다 하여 입성태(入聖胎)라 하고, 제5 구족방편주로부터 제8 동진주에 이르기까지를 성인으로 장양된다 하여 장양성태(長養聖胎)라 하며, 제9 법왕자주는 완전한 성인의 모습을 갖춰 출태(出胎)하는 것을 일컬으며, 제10 관정주는 왕자가 자라 세자위(世子位)에 오르듯 부처님께서 법의 그릇이 될만한 보살에게 지혜의 물을 부어서 법왕자로 삼는다는 의미다.

3. 십행(十行)

보살이 수행하는 52계위(階位) 가운데, 제21位로부터 제30位까지의 보살위. 곧 10住位의 마지막인 관정주에서 진정한 불자(佛子)임을 인가(印可)받아 확인한 뒤, 더 나아가 이타행(利他行)을 완수하고자 중생교화의 실천을 위해 정진하는 지위(地位)이다.

1) 환희행(歡喜行) : 자비와 덕을 베풀어 중생을 기쁘게 하고 스스로도 환희로움.

2) 요익행(饒益行) : 보살 만행(萬行)으로 널리 중생들에게 풍요한 이익을 베풀어 줌.
3) 무진한행(無瞋恨行) : 보살 수행으로 마음에 원한·성냄이 사라짐.
4) 무진행(無盡行) : 중생구제의 보살행이 결코 다하지 않음.
5) 이치란행(離癡亂行) : 마음에 어리석음과 혼란이 사라짐.
6) 선현행(善現行) : 마음의 어리석음과 망상의 구름이 흩어져 청정성품이 드러나는 지위.
7) 무착행(無着行) : 만유의 본성이 텅비어 유·무를 떠나 있으므로 일체 집착이 사라진 지위.
8) 존중행(尊重行) : 유(有)·무(無)를 떠나 있는 일체는, 그대로 진리의 실상 청정법신 비로자나불이므로 모두를 존중함.
9) 선법행(善法行) : 조작(造作)을 떠난 함이 없는 보살행으로 중생을 교화함.
10) 진실행(眞實行) : 늘 진실평등한 진리로 중생을 이끌어 줌.

4. 십회향(十廻向)

보살이 수행해 나아가는 52계위(階位) 가운데, 제31位부터 제40位까지를 일컫는다. 곧 10신(信)·10행(行)의 위(位)에서 닦은 자리(自利)·이타(利他)행을, 일체 중생을 위해 널리 돌려주는 공덕으로 불과를 향해 나아가는 지위(地位)이다.

1) 구호일체중생 이중생상회향(救護一切衆生 離衆生相廻向) : 나와 남을 구분짓는 분별심이 사라져 일체 중생을 구호하는 지위.
2) 불괴회향(不壞廻向) : 오로지 중생을 위한 한마음의 회향은 영겁에 무너지지 않음.
3) 등일체제불회향(等一切諸佛廻向) : 나의 모든 공덕행을 부처님과 중생에게 회향함.
4) 지일체처회향(至一切處廻向) : 일체처에 두루 베푸는 회향.
5) 무진공덕장회향(無盡功德藏廻向) : 다함없는 공덕의 창고를 열어 회향함.

6) 입일체평등 선근회향(入一切平等 善根廻向) : 모든 만상이 다름이 없다는 평등심에 들어, 지니고 있는 모든 선근공덕을 회향함.
7) 등수순일체중생회향(等隨順一切衆生廻向) : 일체 중생에게 평등히 따라주는 회향.
8) 진여상회향(眞如相廻向) : 회향을 하되 상(相)을 떠나 함이 없이 회향함.
9) 무박무착해탈회향(無縛無着解脫廻向) : 마음의 강력한 집착과 얽매임으로부터 해탈한 회향.
10) 입법계무량회향(入法界無量廻向) : 자성법계(自性法界)에 들어 갖추어진 무량공덕을 베푸는 회향.

5. 등각(等覺)

보살이 수행해 나아가는 52계위(階位) 가운데 제51위를 말하는 것으로, 보살의 극위(極位)로서 그 지혜가 원만한 부처님과 대개 같다는 뜻으로 불타의 신통을 나투면서 항상 본경(本境)에 머무나 아직은 불타라 할 수 없다. 보살이 삼아승기(三阿僧祇)의 수행을 거쳐서 공행(功行)이 차면 인지(因地) 최후의 자리인 등각위(等覺位)에 이르러, 지혜의 견고하기가 금강과 같아서 한생각 아래 무시(無始) 이래의 무명(無明) 번뇌를 타파하고, 무상(無上)의 불과(佛果)를 증득하는 최후의 도심(道心)을 등각금강심(等覺金剛心)이라 한다.

6. 묘각(妙覺)

보살이 수행해서 부처가 되는 마지막 52계위(階位). 일체의 번뇌를 끊어 없애고 지혜가 원만하여 불가사의 절묘한 무상정각(無上正覺)의 불위(佛位)이다.

23쪽 6행 성문(聲聞)·벽지불(辟支佛)

성문은 부처님으로부터 법문을 듣고 고(苦)·집(集)·멸(滅)·도(道)의 사제법(四諦法)을 깨달은 성자이고, 벽지불은 연각(緣覺) 또는 독각(獨

覺)의 뜻으로 외연(外緣)에 대해 이성적인 사유를 함으로써 연기법(緣起法)을 관찰하여 깨달음을 이룬 성자(聖者)이니, 연기법이란 원인과 조건이 합해져서 그에 따른 결과가 나타나는 것을 말한 것으로 12인연법으로 설명한다.

불교의 중요한 기본 교리의 하나인 십이(十二)연기는 과거에 지은 업에 따라서 현재의 과보를 받고, 현재의 업에 따라서 미래의 고(苦)를 받게 되는 열 두가지 인연법(因緣法)을 말한다.

1) 무명(無明) : 미(迷)의 근본이 되는 무지(無知)로, 세상이 무엇인지, 어떻게 사는 것이 올바른 것인지 모름.
2) 행(行) : 자각(自覺)이 없어 선악업(善惡業)을 지음.
3) 식(識) : 무지(無知)의 의식작용으로 일으킨 업(業)이 그대로 의식에 저장된다.
4) 명색(名色) : 스스로 익힌 강력한 습관에 이끌려 모태(母胎)에 들어 형체가 만들어진다.
5) 육입(六入) : 점차로 자라 눈·귀·코·입·몸·뜻을 갖춘 완전한 성체가 이뤄진다.
6) 촉(觸) : 태어나 감관(感官)이 사물에 접촉한다.
7) 수(受) : 심신이 대상을 통해 느껴 받는 고락(苦樂).
8) 애(愛) : 종족 번식의 강렬한 본능으로 표출되는 이성적 욕망.
9) 취(取) : 생존에 대한 강한 애착과 욕망으로 나의 것으로 거두어 둠.
10) 유(有) : 죽기전까지 지었던 선악적 행위는 그대로 업식(業識)이 되어 다음생을 불러온다.
11) 생(生) : 본래 무아(無我)의 본성(本性)을 깨닫지 못하여, 다시 업과(業果)의 생을 받는다.
12) 노사(老死) : 텅 비어 맑은 본성을 깨닫지 못하는 한, 생사윤회의 고통은 멈추지 않는다.

위의 무명, 행은 과거생에 지은 인(因)이요, 식, 명색, 육입, 촉, 수는 현재 받는 과(果)며, 애, 취, 유는 현재 짓는 인(因)이며, 생, 노사는 미래에 받을 과(果)이다. 그러므로 십이연기(十二緣起)는 과거, 현재, 미래에 끊임없이 걸쳐 있는, 무지한 중생이 받는 괴로움의 순환 고리이다.

24쪽 11행 상호(相好)

불타의 육신에 갖추어진 아름답고 엄숙하며 훌륭한 대인상(大人相)으로, 현저하게 보기 쉬운 것을 32상(相)으로 나누고 미세하여 보기 어려운 것을 80종호(種好)로 나누어, 양자(兩者)를 합하여 상호(相好)라 한다. 이는 과거 무량겁에 보살 수행을 통한 공덕으로 나타난 덕상(德相)이다.

25쪽 11행 육도세계(六道世界)

중생이 삿된 집착, 그릇된 견해, 번뇌, 선악 등으로 인하여 머무르는 장소의 여섯 세계로, 지옥·아귀·축생·아수라·인간·천상계로 미망(迷妄)의 윤회전생(輪廻轉生)하는 세계이다.

25쪽 13행 무량겁(無量劫)·아승기(阿僧祇)

둘 다같은 의미로, 수로는 헤아릴 수 없는 무한의 시간을 말한다.

25쪽 14행 보살행(菩薩行)

범어(梵語 : 인도말)로 "보디 사트바", 이쪽말로 보리살타(菩提薩埵)이며 준말로 "보살"이라 한다.

보리(菩提)는 깨달음을 뜻하고 살타(薩埵)는 중생을 뜻하니, 보시·지계·인욕·정진·선정·지혜 등 여섯가지의 훌륭한 바라밀행을 닦아서, 위없는 깨달음을 열고 남도 이롭게 하여 중생구제의 발원을 멈추지 않는 거룩한 행을 "보살행"이라 한다. 영원히 중생을 고해(苦海)에서 건지려는 숭고하고 거룩한 대자비를 갖춘 사람으로, 대사(大士)·법왕자(法王子)라 하기도 한다. "보살"이란 호칭은 세상에서 가장 아릅답고 훌륭한 인품의 소유자를 뜻하는 말이다.

26쪽 6행 바라문(婆羅門)
고대 인도의 네가지 종류의 사회 계급인, 바라문(바라문교의 승려)·찰제리(왕족·무사)·비사(毘舍 : 농·상·공의 평민 계급)·수다라(首陀羅 : 천민·노예) 중에서, 최고의 지위에 있는 종족으로 임금보다 윗자리에 있으며 신의 대표자로서 권위를 떨친다.

34쪽 11행 유순(由旬)
인도의 이수(里數)단위로, 소달구지가 하루에 갈 수 있는 거리로서 1유순은 40리(16km)라 함.

42쪽 13행 제석천왕·범왕·전륜왕
1) 제석천왕(帝釋天王) : 욕계(欲界) 6천의 제2 천상세계 도리천주((忉利天主)로, 4천왕과 33천(天)을 통솔하면서 불법을 수호하고 불법에 귀의하는 이들을 보호한다.
2) 범왕(梵王) : 삼계(三界)중 색계(色界) 초선천(初禪天)의 범보천주(梵寶天主) 대범천왕으로 화려한 보배 누각이 갖추어진 궁전에 머물며 불법을 수호한다.
3) 전륜왕(轉輪王) : 정법으로 전 세계를 통솔한다고 생각된, 신화적 이상적인 제왕으로 숙세에 닦은 복력으로 칠보(七寶)와 사덕(四德)을 갖추고, 부처님처럼 32상(相)을 구족하여 전세계를 위엄과 덕으로 평정케 한다는 성왕(聖王).

43쪽 11행 부촉(付囑)
마음의 뜻을 말로 표현하여 그것을 부탁하는 것으로, 흔히 부처님께서 교법(教法)을 잘 전하여 줄 것을 부탁하는 뜻으로 사용된다.
석존께서 지장보살에게 일체 중생을 부탁하신 것이나, 무량수경의 유통분에 석존께서 미륵보살에게 정중히 아미타불의 명호를 불러도 한량없는 큰 공덕이 있다고 말하며 이 법문을 길이 전수시키라는 당부 등이 부처님의 부촉이다.

43쪽 14행 수기(授記)
부처님께서 성문(聲聞)·연각(緣覺)·보살(菩薩) 등에게 내세에 성불하리란 것을 자세히 예언하는 일.

45쪽 3행 열반의 기쁨
열반(涅槃)은 범어 "니르바나"의 음역으로, 니원(泥洹)·적멸(寂滅) 등으로 번역하며 반열반(般涅槃)은 완전(完全)의 뜻으로 원적(圓寂)이라 번역한다. 원래는 불어 끈다는 뜻으로 불어 끈 상태, 곧, 타오르는 번뇌의 불을 멸진해서 깨달음의 지혜를 완성한 경지를 말한다.
이것은 미(迷)의 세계인 생사윤회를 넘어선 깨달음의 세계로, 상(常)·락(樂)·아(我)·정(淨)의 사덕(四德)을 말하고, 남본(南本) 열반경 권 3에는 열반의 팔미(八味)을 말하고 있는데, 항(恒)·상(常)·안(安)·쾌락(快樂)·불로(不老)·불사(不死)·청정(淸淨)·무구(無垢)의 여덟으로, 이 중 恒·常은 상(常)에, 安·快樂은 락(樂)에, 不老·不死는 아(我)에, 淸淨·無垢는 정(淨)에 배속(配屬)하기도 한다.

47쪽 7행 염부제(閻浮提)
불교 우주관에 나타나는 주(洲 : 대륙)의 명칭으로 원래는 인도를 가리키는 말이었는데, 후세에는 인간세계의 전체를 의미하는 말로서 사용되고 있다.

50쪽 7행 사문(沙門)
정지(靜志)·식악(息惡)으로 번역, 머리를 깎고 악을 끊어 몸과 마음을 고요하게 해서 선(善)을 행하며, 무상대도(無上大道)를 닦는 출가한 수도자를 말한다.

64쪽 5행 여래·응공 ~ 천인사·불세존
여래(如來)는 "진여(眞如)로부터 오신 분", "참되고 바른 진리로부터 오신 분"이라는 뜻이다. 진리의 존재이신 부처님께는 거룩한 덕을 상징하는 열가지의 호칭이 있는데, 여래십호(如來十號)이다.
1) 응공(應供) : 여래는 우주법계의 진리 몸이므로 능히 사람과 천인(天人)의 존경과 공양을 받을 수 있는 분이란 뜻이다.
2) 정편지(正遍知) : 여래는 바르고 완전하게 진리를 깨달은 분이란 뜻이다.
3) 명행족(明行足) : 여래는 천안통, 숙명통, 누진통 등의 지혜신통과 생각·말·행동이 온전하게 갖추어진 분이란 뜻이다.
4) 선서(善逝) : 여래는 "진리의 세계로 잘 가셨다"는 뜻으로, 미혹의 세계를 뛰어 넘어서 다시는 미혹의 세계로 돌아오지 않음을 뜻한다.
5) 세간해(世間解) : 여래는 세간과 출세간의 일을 남김없이 다 잘아는 분이란 뜻이다.
6) 무상사(無上士) : 여래는 진리의 실상으로 법계에 가장 높은 분이라는 뜻이다.
7) 조어장부(調御丈夫) : 여래는 생사윤회의 원인인 번뇌망상의 뿌리를 완전히 뽑아내 중생의식을 조복받은 분이란 뜻이다.
8) 천인사(天人師) : 여래는 진리의 왕, 법왕(法王)이시므로 하늘과 사람의 스승이라는 뜻이다.
9) 불(佛) : 여래는 우주만유의 참모습을 바르고 완전하게 깨달아, 진리의 눈을 뜬 분이란 뜻이다.
10) 세존(世尊) : 여래는 무량겁의 수행과 보살만행의 공덕을 갖추었으므로, 천상 천하에 가장 존귀하신 분이란 뜻이다.

66쪽 12행 상법(像法)
정법(正法)·상법(像法)·말법(末法) 삼시(三時)의 하나로, 부처님께서 입멸(入滅)하신 후 500년의 정법시기가 지난 뒤의 1천년 동안의 시기(時機).

69쪽 14행 수미산(須彌山)
고대 인도의 우주관에서 세계의 중심에 있다는 상상의 산을 말한다.

78쪽 10행 사천왕(四天王)

욕계·색계·무색계의 삼계(三界)중, 욕계(欲界) 6天의 제1天인 사왕천(四王天)의 네 천왕으로, 위로는 제석천왕을 섬기고 아래로는 팔부신중(八部神衆)을 지배하여 불법에 귀의한 중생을 보호한다.

곧, 동방을 수호하는 지국천왕(持國天王), 남방을 수호하는 증장천왕(增長天王), 서방을 수호하는 광목천왕(廣目天王), 북방을 수호하는 다문천왕(多聞天王).

66쪽 13행 나한(羅漢)

아라한(阿羅漢)의 준말로, 철저한 수행을 통해 온갖 번뇌를 끊고 고·집·멸·도 사제(四諦)의 이치를 깨달아 세상 사람들의 존경과 공양을 받을만한 공덕을 갖춘 이로, 생사를 초월하며 무학(無學)의 경지에 든 성자(聖者).

73쪽 12행 삼악도(三惡道)

지옥·아귀·축생의 극심한 고통이 뒤따르는 곳으로, 죄악을 범한 결과로 받는 이 삼악도는 광명이 없고, 춥고 덥고 굶주림이 끊임없는 세계이다.

88쪽 3행 보현보살(普賢菩薩)

보현보살은 중생구제의 큰 원과 실천을 대변하는 대보살로, 문수보살과 함께 일체보살의 으뜸이 되어서 일찍이 비로자나불 밑에서 보살행을 닦아 구도자들에게 법계(法界)를 열어 보이신다. 보현보살의 본원(本願)이자 모든 구도자들이 이룩하기 위하여 실천해야 하는 조항인 10대원은 보현보살의 행원(行願)을 그대로 보여준다. 보현보살의 열가지 큰 원은 보현보살이 선재동자에게 법문을 베푼 것으로, 마음속에 원하는 바를 몸으로 실천하는 행원의 열가지이다.

1) 예경제불(禮敬諸佛) : 모든 부처님을 예배하고 공경하며
2) 칭찬여래(稱讚如來) : 모든 부처님을 찬탄하고

3) 광수공양(廣修供養) : 법공양을 널리 닦으며
4) 참제업장(懺除業障) : 탐욕·분노·어리석음을 참회하여 제거하며
5) 수희공덕(隨喜功德) : 남의 선행을 따라 기뻐하며
6) 청전법륜(請轉法輪) : 부처님께서 법문해 주시기를 청하며
7) 청불주세(請佛住世) : 부처님이 세상에 오래 머무시길 청하며
8) 상수불학(常隨佛學) : 항상 부처님을 따라 배우며
9) 항순중생(恒順衆生) : 언제나 중생을 따르며
10) 보개회향(普皆廻向) : 모두를 중생에게 회향하리라.

이 열가지 행원(行願)을 이루기 위해 허공계가 다하고 중생계가 다 하도록, 몸과 말과 뜻에 싫증이 없이 보살행을 행하여 끝까지 중생을 구제하고자 함이 보현보살의 크나큰 원력이다.

110쪽 11행 정근(精勤)

선법(善法)을 더욱 자라게 하고 악법(惡法)을 근절하기 위해, 불·보살님께 정성을 다해 기도정진하는 수행을 말하는 것으로, 부지런한 노력의 기도라야 태만심을 끊고 모든 업장을 녹일 수 있기 때문이다.

지 장 경
地藏經

도리천궁 신통품 제일
忉利天宮 神通品 第一

여시아문하사오니
如是我聞

일시에 **불**께서 **재도리천**하사 **위모설법**이러시니
一時　佛　　　在忉利天　　為母說法

이시에 **시방무량세계 불가설 불가설 일**
爾時　十方無量世界　不可說 不可說 一

체제불과 **급대보살마하살**이 **개래집회**하사
切諸佛　及大菩薩摩訶薩　　皆來集會

찬탄하시되 **석가모니불**이 **능어오탁악세**에
讚歎　　　釋迦牟尼佛　　能於五濁惡世

현 불가사의 대지혜 신통지력하사 **조복**
現 不可思議 大智慧 神通之力　　調伏

강강중생하여 지고락법이라하시고 각견시자하
剛强衆生　　知苦樂法　　　　　各遣侍者

사 문신세존이시어늘 시시에 여래함소하시고
問訊世尊　　　　是時　如來含笑

방백천만억 대광명운하시니 소위
放百千萬億　大光明雲　　所謂

대원만광명운이며 대자비광명운이며
大圓滿光明雲　　大慈悲光明雲

대지혜광명운이며 대반야광명운이며
大智慧光明雲　　大般若光明雲

대삼매광명운이며 대길상광명운이며
大三昧光明雲　　大吉祥光明雲

대복덕광명운이며 대공덕광명운이며
大福德光明雲　　大功德光明雲

대귀의광명운이며 대찬탄광명운이라
大歸依光明雲　　大讚歎光明雲

방여시등 불가설 광명운이하시고 우출종
放如是等 不可說 光明雲已　　　又出種

종 미묘지음하시니 소위
種 微妙之音　　所謂

단바라밀음이며 시라바라밀음이며
檀波羅蜜音　尸羅波羅蜜音

찬제바라밀음이며 비리야바라밀음이며
羼提波羅蜜音　　毗離耶波羅蜜音

선바라밀음이며 반야바라밀음이며
禪波羅蜜音　般若波羅蜜音

자비음이며 희사음이며 해탈음이며
慈悲音　喜捨音　解脫音

무루음이며 지혜음이며 대지혜음이며
無漏音　智慧音　大智慧音

사자후음이며 대사자후음이며
獅子吼音　大獅子吼音

운뢰음이며 대운뢰음이라
雲雷音　大雲雷音

출여시등 불가설 불가설음이하시니
出如是等 不可說 不可說音已

사바세계와 급타방국토에 유무량억 천
娑婆世界　及他方國土　有無量億 天

룡귀신이 역집도도리천궁하니 소위
龍鬼神　亦集到忉利天宮　所謂

사천왕천이며 **도리천**이며 **수염마천**이며
四天王天　　　忉利天　　　　須燄摩天

도솔타천이며 **화락천**이며 **타화자재천**이며
兜率陀天　　　化樂天　　　　他化自在天

범중천이며 **범보천**이며 **대범천**이며
梵衆天　　　　梵輔天　　　　大梵天

소광천이며 **무량광천**이며 **광음천**이며
少光天　　　　無量光天　　　光音天

소정천이며 **무량정천**이며 **변정천**이며
少淨天　　　　無量淨天　　　遍淨天

복생천이며 **복애천**이며 **광과천**이며
福生天　　　　福愛天　　　　廣果天

엄식천이며 **무량엄식천**이며 **엄식과실천**이며
嚴飾天　　　　無量嚴飾天　　嚴飾果實天

무상천이며 **무번천**이며 **무열천**이며
無想天　　　　無煩天　　　　無熱天

선견천이며 **선현천**이며 **색구경천**이며
善見天　　　　善現天　　　　色究竟天

마혜수라천이며 **내지 비상비비상처천**이며
摩醯首羅天　　　乃至非想非非想處天

일체천중이며 **용중**이며 **귀신등중**이 **실래집**
一 切 天 衆　　龍 衆　　鬼 神 等 衆　　悉 來 集

회하며 **부유타방국토**와 **급사바세계**에
會　　　復 有 他 方 國 土　　及 娑 婆 世 界

해신이며 **강신**이며 **하신**이며 **수신**이며
海 神　　江 神　　河 神　　樹 神

산신이며 **지신**이며 **천택신**이며 **묘가신**이며
山 神　　地 神　　川 澤 神　　苗 稼 神

주신이며 **야신**이며 **공신**이며 **천신**이며
晝 神　　夜 神　　空 神　　天 神

음식신이며 **초목신**인 **여시등신**이
飮 食 神　　草 木 神　　如 是 等 神

개래집회하며 **부유타방국토**와 **급사바세**
皆 來 集 會　　復 有 他 方 國 土　　及 娑 婆 世

계 제대귀왕하니 **소위**
界　諸 大 鬼 王　　所 謂

악목귀왕이며 **담혈귀왕**이며 **담정기귀왕**이며
惡 目 鬼 王　　噉 血 鬼 王　　噉 精 氣 鬼 王

담태란귀왕이며 **행병귀왕**이며 **섭독귀왕**이며
噉 胎 卵 鬼 王　　行 病 鬼 王　　攝 毒 鬼 王

자심귀왕이며 **복리귀왕**이며 **대애경귀왕**인
慈心鬼王　　福利鬼王　　大愛敬鬼王

여시등귀왕이 **개래집회**하였다
如是等鬼王　皆來集會

이시에 **석가모니불**께서 **고문수사리법왕**
爾時　釋迦牟尼佛　告文殊師利法王

자보살마하살하시되 **여관시일체제불보살**
子菩薩摩訶薩　汝觀是一切諸佛菩薩

과 **급천룡귀신**하느냐 **차세계**와 **타세계**와 **차**
及天龍鬼神　此世界　他世界　此

국토와 **타국토**에서 **여시 금래집회 도도리**
國土　他國土　如是 今來集會 到忉利

천자 여지수부아
天者 汝知數否

문수사리백불언하시되 **세존**이시여 **약이아신**
文殊師利白佛言　世尊　若以我神

력으로 **천겁**에 **측탁**하여도 **불능득지**하나이다
力　千劫　測度　不能得知

불고문수사리하시되 **오이불안**으로 **관**하여도
佛告文殊師利　吾以佛眼　觀

유불진수하니 차는 개시지장보살이 구원
猶不盡數　此　皆是地藏菩薩　久遠

겁래에 이도하며 당도하며 미도하며 이성취하
劫來　已度　當度　未度　已成就

며 당성취하며 미성취니라
　當成就　未成就

문수사리 백불언하시되 세존이시여 아이과
文殊師利　白佛言　世尊　我已過

거에 구수선근하여 증무애지일새 문불소언
去　久修善根　證無礙智　聞佛所言

하고 즉당신수어니와 소과성문과 천룡팔부와
　即當信受　小果聲聞　天龍八部

급미래세 제중생등은 수문여래 성실지
及未來世　諸眾生等　雖聞如來　誠實之

어하여도 필회의혹하며 설사정수하여도 미면
語　必懷疑惑　設使頂受　未免

흥방하니 유원세존께서는 광설지장보살마
興謗　唯願世尊　廣設地藏菩薩摩

하살의 인지에 작하행하며 입하원하여 이능
訶薩　因地　作何行　立何願　而能

성취 부사의사하소서
成 就 不 思 議 事

불고문수사리하시되 비여삼천대천세계에
佛 告 文 殊 師 利　　　譬 如 三 千 大 千 世 界

소유초목총림과 도마죽위와 산석미진에
所 有 草 木 叢 林　　稻 麻 竹 葦　　山 石 微 塵

일물일수로 작일항하하고 일항하사일사로
一 物 一 數　　作 一 恒 河　　一 恒 河 沙 一 沙

일계로 일계지내에 일진으로 일겁하고 일겁
一 界　　一 界 之 內　　一 塵　　　一 劫　　　一 劫

지내에 소적진수를 진충위겁하여도 지장보
之 內　　所 積 塵 數　　盡 充 爲 劫　　　地 藏 菩

살이 증십지과위이래로 천배다어상유어든
薩　　證 十 地 果 位 以 來　　千 倍 多 於 上 喩

하황지장보살이 재성문벽지불지리오 문
何 況 地 藏 菩 薩　　在 聲 聞 辟 支 佛 地　　　文

수사리여 차보살의 위신서원은 불가사의
殊 師 利　　此 菩 薩　　威 神 誓 願　　不 可 思 議

니 약미래세에 유선남자선여인이 문시보
　若 未 來 世　　有 善 男 子 善 女 人　　聞 是 菩

살명자하고 혹찬탄커나 혹첨례커나 혹칭명커
薩名字　　或讚歎　　或瞻禮　　或稱名

나 혹공양커나 내지 채화각루 소칠형상하면
或供養　　乃至　彩畫刻鏤　塑漆形像

시인은 당득백반 생어삼십삼천하여 영불
是人　當得百返　生於三十三天　　永不

타악도하리라
墮惡道

문수사리여 시지장보살마하살은 어과거
文殊師利　是地藏菩薩摩訶薩　於過去

구원 불가설 불가설겁전에 신위대장자
久遠　不可說　不可說劫前　身爲大長者

자러니 시세유불하시되 호왈 사자분신 구족
子　　時世有佛　　號曰　獅子奮迅具足

만행여래시라 시에 장자자가 견불상호천
萬行如來　　時　長者子　　見佛相好千

복으로 장엄하고 인문피불하시되 작하행원하여
福　莊嚴　　因問彼佛　　作何行願

서 이득차상이니까
而得此相

시에 사자분신 구족만행여래께서 고장자
時　獅子奮迅 具足萬行如來　　告長者

자하시되 욕증차신인데 당수구원에 도탈일
子　　　欲證此身　　當須久遠　度脫一

체수고중생이라하시거늘 문수사리여 시에 장
切受苦衆生　　　　　　文殊師利　時　長

자자인발서언하되 아금진미래제 불가계
者子因發誓言　　　我今盡未來際 不可計

겁에 위시죄고육도중생하여 광설방편하여
劫　　爲是罪苦六道衆生　　　廣設方便

진령해탈하고서 이아자신이 방성불도하리라하
盡令解脫　　　以我自身　　方成佛道

여 이시어피불전에 입사대원일새 우금백
　　以是於彼佛前　入斯大願　　于今百

천만억 나유타 불가설겁에 상위보살이니라
千萬億 那由他 不可說劫　　尚爲菩薩

우어과거 불가사의 아승기겁에 시세유
又於過去 不可思議 阿僧祇劫　 時世有

불하시되 호왈 각화정자재왕여래러시니 피
佛　　　號曰 覺華定自在王如來　　　彼

240 … 지장경

불수명은 사백천만억 아승기겁이라 상법
佛壽命 四百千萬億 阿僧祇劫 像法

지중에 유일바라문녀하니 숙복이 심후하여
之中 有一婆羅門女 宿福 深厚

중소흠경이며 행주좌와에 제천이 위호하더니
衆所欽敬 行住坐臥 諸天 衛護

기모신사하여 상경삼보어늘 시시성녀 광
其母信邪 常輕三寶 是時聖女 廣

설방편하여 권유기모하여 영생정견하되 이
設方便 勸諭其母 令生正見 而

차여모는 미전생신이러니 불구명종하여 혼
此女母 未全生信 不久命終 魂

신이 타재무간지옥하니라
神 墮在無間地獄

시에 바라문녀 지모재세에 불신인과라 계
時 婆羅門女 知母在世 不信因果 計

당수업하여 필생악취라하고 수매가택하여 광
當隨業 必生惡趣 遂賣家宅 廣

구향화와 급제공구하여 어선불탑사에 대
求香華 及諸供具 於先佛塔寺 大

흥공양(興供養)이다가 견각화정자재왕여래(見覺華定自在王如來)하니 기(其)
형상(形像)이 재일사중(在一寺中)하되 소화위용(塑畵威容)이 단엄필(端嚴畢)
비(備)어늘 시(時)에 바라문녀(婆羅門女)가 첨례존용(瞻禮尊容)하고 배생(倍生)
경앙(敬仰)하여 사자염언(私自念言)하되 불명대각(佛名大覺)이라 구일(具一)
체지(切智)시니 약재세시(若在世時)런들 아모사후(我母死後)에 당래문(當來問)
불(佛)이면 필지처소(必知處所)리라하고 시(時)에 바라문녀(婆羅門女) 수(垂)
읍양구(泣良久)하며 첨연여래(瞻戀如來)하였더니 홀문공중성왈(忽聞空中聲曰)
하니 읍자성녀(泣者聖女)여 물지비애(勿至悲哀)하라 아금시여모(我今示汝母)
지거처(之去處)하리라

바라문녀(婆羅門女) 합장향공(合掌向空)하며 이백천왈(而白天曰) 시하(是何)

신덕이건대 관아우려이니까 아자실모이래로
神德　　　寬我憂慮　　　我自失母已來

주야억연하되 무처가문지모생계이니다
晝夜億戀　　無處可問知母生界

시에 공중유성하여 재보녀왈 아시여소첨례
時　空中有聲　　再報女曰 我是汝所瞻禮

자의 과거각화정자재왕여래이니라 견여억
者　過去覺華定自在王如來　　　　見汝億

모 배어상정 중생지분일새 고래고시하노라
母　培於常情 衆生之分　　故來告示

바라문녀가 문차성이하고 거신자박하여 지
婆羅門女　　聞此聲已　　擧身自撲　　支

절개손커늘 좌우부시하니 양구방소하여 이
節皆損　　左右扶侍　　良久方蘇　　而

백공왈 원불자민하사 속설아모생계하소서
白空曰 願佛慈愍　　速設我母生界

아금에 신심이 장사불구하옵니다
我今　身心　將死不久

시에 각화정자재왕여래께서 고성녀왈 여
時　覺華定自在王如來　　　告聖女曰 汝

공양필(供養畢)하고 단조반사(但早返舍)하여 단좌사유(端坐思惟) 오지(吾之)
명호(名號)하면 즉당지모 소생거처(卽當知母 所生去處)하리라

시(時)에 바라문녀 심례불이(婆羅門女 尋禮佛已)하고 즉귀기사(卽歸其舍)하여
이억모고(以憶母故)로 단좌념 각화정자재왕여래(端坐念 覺華定自在王如來)하
되 경일일일야(經一日一夜)러니 홀견자신(忽見自身)이 도일해변(到一海邊)하
였다 기수용비(其水湧沸)하고 다제악수(多諸惡獸)하되 진부철신(盡復鐵身)으
로 비주해상(飛走海上)하여 동서치축(東西馳逐)커든 견제남자여(見諸男子女)
인 백천만수(人 百千萬數)가 출몰해중(出沒海中)타가 피제악수(被諸惡獸)의
쟁취식담(爭取食噉)하며 우견야차(又見夜叉) 기형각이(其形各異)하되 혹(或)
다수다안(多手多眼)이며 다족다두(多足多頭)라 구아외출(口牙外出)하되 이(利)

인여구로 구제죄인하여 사근악수하며 부자
刃如鉤　驅諸罪人　使近惡獸　復自

박확하여 두족상취커든 기형이 만류라 불감
搏攫　頭足相就　其形萬類　不敢

구시일러니라
久視

시에 바라문녀는 이염불력고로 자연무구
時　婆羅門女　以念佛力故　自然無懼

라 유일귀왕하니 명왈무독이라 계수내영하며
有一鬼王　名曰無毒　稽首來迎

백성녀왈 선재라 보살은 하연으로 내차이니까
白聖女曰　善哉　菩薩　何緣　來此

시에 바라문녀 문귀왕왈 차시하처이니까
時　婆羅門女　問鬼王曰　此是何處

무독답왈 차시대철위산 서면제일중해
無毒答曰　此是大鐵圍山　西面第一重海

입니다

성녀문왈 아문철위지내에 지옥재중이라더
聖女問曰　我聞鐵圍之內　地獄在中

니 **시사실부**이니까
是 事 實 不

무독답왈 실유지옥입니다
無 毒 答 曰 實 有 地 獄

성녀문왈 아금운하로 **득도옥소**이니까
聖 女 問 曰 我 今 云 何 得 到 獄 所

무독답왈 약비위신이면 **즉수업력**이니 비
無 毒 答 曰 若 非 威 神 卽 須 業 力 非

차이사면 **종불능도**니다
此 二 事 終 不 能 到

성녀우문하되 **차수**는 **하연**으로 **이내용비**하며
聖 女 又 問 此 水 何 緣 而 乃 湧 沸

다제죄인과 **급이악수**이니까
多 諸 罪 人 及 以 惡 獸

무독답왈 차시남염부제 조악중생의 **신**
無 毒 答 曰 此 是 南 閻 浮 提 造 惡 衆 生 新

사지자로 **경사십구일**하되 **무인계사 위작**
死 之 者 經 四 十 九 日 無 人 繼 嗣 爲 作

공덕하여 **구발고난**하며 **생시**에 **우무선인**일새
功 德 救 拔 苦 難 生 時 又 無 善 因

당거본업 소감지옥하여 자연선도차해하며
當據本業 所感地獄 自然先渡此海

해동십만유순에 우유일해하되 기고배차하
海東十萬由旬 又有一海 其苦倍此

고 피해지동에 우유일해하되 기고부배라 삼
彼海之東 又有一海 其苦復倍 三

업악인지소초감일새 공호업해니 기처시
業惡因之所招感 共號業海 其處是

야니다
也

성녀우문 귀왕무독왈 지옥하재이니까
聖女又問 鬼王無毒曰 地獄何在

무독답왈 삼해지내 시대지옥이라 기수
無毒答曰 三海之內 是大地獄 其數

백천이로되 각각차별입니다 소위대자는 구유
百千 各各差別 所謂大者 具有

십팔하고 차유오백하되 고독이 무량이며 차
十八 次有五百 苦毒 無量 次

유천백하되 역무량고이니다
有千百 亦無量苦

성녀우문 대귀왕왈 아모사래미구이오니
聖女又問 大鬼王曰 我母死來未久

부지커이다 **혼신**이 **당지하취**이니까
不知 魂神 當至何趣

귀왕이 **문성녀왈 보살지모**는 **재생**에 **습하**
鬼王 問聖女曰 菩薩之母 在生 習何

행업입니까
行業

성녀답왈 아모사견하여 **기훼삼보**하며 **설**
聖女答曰 我母邪見 譏毀三寶 設

혹잠신하여도 **선우불경**하더니 **사수일천**이나
或暫信 旋又不敬 死雖日淺

미지하처니다
未知何處

무독문왈 보살지모는 **성씨하등**입니까
無毒問曰 菩薩之母 姓氏何等

성녀답왈 아부아모는 **구바라문종**이니 **부**
聖女答曰 我父我母 俱婆羅門種 夫

호는 **시라선견**이요 **모호**는 **열제리**이니다
號 尸羅善見 母號 悅帝利

무독이 합장하고 계보살왈 원성자는 각반
無毒　合掌　　啓菩薩曰　願聖者　却返

본처하사 무지우억비연하소서 열제리죄녀가
本處　　無至憂億悲戀　　　悅帝利罪女

생천이래로 경금삼일입니다 운승효순지자
生天以來　　經今三日　　　云承孝順之子

위모하여 설공수복하고 보시 각화정자재
爲母　　設供修福　　布施　覺華定自在

왕여래탑사하니 비유보살지모 득탈지옥
王如來塔寺　　非唯菩薩之母　得脫地獄

이라 응시무간에 차일죄인은 실득수락하여
　　　應是無間　　此日罪人　　悉得受樂

구동생흘이니다
俱同生訖

귀왕이 언필에 합장이퇴커늘 바라문녀가 심
鬼王　言畢　合掌而退　　婆羅門女　尋

여몽귀하여 오차사이하고 변어각화정자재
如夢歸　　悟此事已　　便於覺華定自在

왕여래탑상지전에 입홍서원하되 원아진미
王如來塔像之前　立弘誓願　　願我盡未

래겁(來劫)토록 응유죄고중생(應有罪苦衆生)을 광설방편(廣設方便)하여 사령해탈(使令解脫)케하리다하니라

불고문수사리(佛告文殊師利)하시되 시귀왕무독자(時鬼王無毒者)는 당금재수보살(當今財首菩薩)이 시(是)요 바라문녀자(婆羅門女者)는 즉지장보살(卽地藏菩薩)이 시(是)니라

분신집회품 제이
分身集會品 第二

이시에 **백천만억 불가사 불가의 불가량**
爾時　百千萬億　不可思　不可議　不可量

불가설 무량 아승기세계 소유지옥처에
不可說　無量　阿僧祇世界　所有地獄處

분신지장보살이 **구래집재 도리천궁**이러시
分身地藏菩薩　俱來集在　忉利天宮

니 **이여래신력고**로 **각이방면**에 **여제득해**
以如來神力故　各以方面　與諸得解

탈하여 **종업도출자 역각유 천만억 나유**
脫　　從業道出者　亦各有　千萬億　那由

타수라 **공지향화**하여 **내공양불**하시더니 **피동**
他數　共持香華　　來供養佛　　　　彼同

제2장 지장보살의 분신들이 법회에 모이는 품 … 251

래등배는 개인지장보살교화하시어 영불퇴
來等輩　皆因地藏菩薩敎化　　永不退

전어아눗다라삼먁삼보리라 시제중등이
轉於阿耨多羅三藐三菩提　是諸衆等

구원겁래로 유랑생사하여 육도수고에 잠
久遠劫來　流浪生死　六道受苦　暫

무휴식이다가 이지장보살의 광대자비 심
無休息　以地藏菩薩　廣大慈悲 深

서원고로 각획과증이라 기지도리하여 심회
誓願故　各獲果證　旣至忉利　心懷

용약하여 첨앙여래하여 목불잠사하였다
踊躍　瞻仰如來　目不暫捨

이시에 세존께서 서금색비하시어 마백천만억
爾時　世尊　舒金色臂　摩百千萬億

불가사 불가의 불가량 불가설 무량아
不可思 不可議 不可量 不可說 無量阿

승기세계 제화신 지장보살마하살정하시
僧祇世界　諸化身　地藏菩薩摩訶薩頂

고 이작시언하시되 오어오탁악세에 교화여
　而作是言　吾於五濁惡世　敎化如

시강강중생하여 영심조복하여 사사귀정하되
是剛強衆生　令心調伏　捨邪歸正

십유일이는 상재악습일새 오역분신천백
十有一二　尚在惡習　吾亦分身千百

억하여 광설방편하노니 혹유이근은 문즉신
億　廣設方便　或有利根　聞卽信

수하고 혹유선과는 근권성취하며 혹유암둔
受　或有善果　勤勸成就　或有暗鈍

은 구화방귀하고 혹유업중은 불생경앙이라
久化方歸　或有業重　不生敬仰

여시등배중생이 각각차별일새 분신도탈하
如是等輩衆生　各各差別　分身度脫

되 혹현남자신하며 혹현여인신하며 혹현천
或現男子身　或現女人身　或現天

룡신하며 혹현귀신신하며 혹현산림천원과
龍身　或現鬼神身　或現山林川源

하지천정하여 이급어인하여 실개도탈하며
河池泉井　利及於人　悉皆度脫

혹현제석신하며 혹현범왕신하며 혹현전륜
或現帝釋身　或現梵王身　或現轉輪

왕신하며 혹현거사신하며 혹현국왕신하며
王身　　或現居士身　　或現國王身

혹현재보신하며 혹현관속신하며 혹현비구
或現宰輔身　　或現官屬身　　或現比丘

비구니 우바새 우바이신과 내지성문 나
比丘尼　優婆塞　優婆夷身　乃至聲聞 羅

한 벽지불 보살등신하여 이이화도하노니 비
漢　辟支佛 菩薩等身　而以化度　　非

단불신으로 독현기신이니라
但佛身　　獨現其身

여관오누겁에 근고도탈여시등 난화강
汝觀吾累劫　勤苦度脫如是等　難化剛

강한 죄고중생하고 기유미조복자 수업보
强　罪苦衆生　　其有未調伏者　隨業報

응하여 약타악취하여 수대고시어든 여당억
應　　若墮惡趣　　受大苦時　　汝當憶

념 오재도리천궁하여 은근부촉하여 영사
念　吾在忉利天宮　　慇懃付囑　　令娑

바세계로 지미륵출세 이래중생이 실사
婆世界　至彌勒出世　已來衆生　　悉使

해탈하여 영리제고하고 우불수기케하라
解脫　　永離諸苦　　遇佛授記

이시에 제세계화신지장보살이 공복일형
爾時　諸世界化身地藏菩薩　共復一形

하여 체루애연하여 이백불언하되 아종구원
涕淚哀戀　　而白佛言　　我從久遠

겁래로 몽불접인하여 사획불가사의신력하
劫來　蒙佛接引　　使獲不可思議神力

여 구대지혜일새 아소분신이 편만백천만
具大智慧　　我所分身　遍滿百千萬

억 항하사세계하여 매일세계에 화백천만
億　恒河沙世界　　每一世界　化百千萬

억신하고 매일화신에 도백천만억인하여 영
億身　　每一化身　　度百千萬億人　　令

귀경삼보하며 영리생사하여 지열반락케하되
歸敬三寶　　永離生死　　至涅槃樂

단어불법중 소위선사에 일모일적이며 일
但於佛法中　所爲善事　　一毛一滴　一

사일진이며 혹호발허라도 아점도탈하여 사
沙一塵　　或毫髮許　　我漸度脫　　使

획대리(獲大利)케 하리니 유원세존(唯願世尊)이시여 불이후세 악(不以後世 惡)

업중생 위려(業衆生 爲慮)하소서 여시삼백불언(如是三白佛言)하되 유원(唯願)

세존(世尊)이시여 불이후세 악업중생 위려(不以後世 惡業衆生 爲慮)하소서

이시(爾時)에 불(佛)께서 찬지장보살언(讚地藏菩薩言)하시되 선재선(善哉善

재(哉)라 오조여희(吾助汝喜)하노라 여능성취 구원겁래(汝能成就 久遠劫來)로

발홍서원(發弘誓願)하여 광도장필(廣度將畢)하고 즉증보리(卽證菩提)하리라

관중생업연품 제삼
觀衆生業緣品 第三

이시에 불모 마야부인께서 공경합장하사 문
爾時 佛母 摩耶夫人 恭敬合掌 問

지장보살언하시되 성자시여 염부중생의 조
地藏菩薩言 聖者 閻浮衆生 造

업차별과 소수보응은 기사운하닛고
業差別 所受報應 其事云何

지장께서 답언하시되 천만세계와 내급국토에
地藏 答言 千萬世界 乃及國土

혹유지옥하며 혹무지옥하며 혹유여인하며
或有地獄 或無地獄 或有女人

혹무여인하며 혹유불법하며 혹무불법하며
或無女人 或有佛法 或無佛法

내지성문 벽지불도 역부여시하니 비단지
乃至聲聞 辟支佛 亦復如是 非但地

옥죄보일등이니다
獄罪報一等

마야부인께서 중백보살하시되 차원문어염
摩耶夫人 重白菩薩 且願聞於閻

부죄보로 소감악취하나이다 지장께서 답언하시
浮罪報 所感惡趣 地藏 答言

되 성모시여 유원청수하소서 아조설지하리이다
聖母 唯願聽受 我粗說之

불모백언하시되 원성자는 설하소서
佛母白言 願聖者 說

이시에 지장보살께서 백성모언하시되 남염
爾時 地藏菩薩 白聖母言 南閻

부제의 죄보명호는 여시니이다
浮提 罪報名號 如是

약유중생이 불효부모하고 혹지살생하면 당
若有衆生 不孝父母 或至殺生 當

타무간지옥하여 천만억겁에 구출무기하며
墮無間地獄 千萬億劫 求出無期

약유중생이 출불신혈커나 훼방삼보하고 불
若有衆生   出佛身血   毁謗三寶   不

경존경하면 역당타어무간지옥하여 천만억
敬尊經   亦當墮於無間地獄   千萬億

겁에 구출무기하며
劫   求出無期

약유중생이 침손상주커나 점오승니하며 혹
若有衆生   侵損常住   點汚僧尼   或

가람내에 자행음욕커나 혹살혹해하면 여시
伽藍內   恣行淫慾   或殺或害   如是

등배는 당타무간지옥하여 천만억겁 구출
等輩   當墮無間地獄   千萬億劫 求出

무기하며
無期

약유중생이 위작사문하되 심비사문이라 파
若有衆生   僞作沙門   心非沙門   破

용상주하고 기광백의하며 위배계율하고 종
用常住   欺狂白衣   違背戒律   種

종조악하면 여시등배는 당타무간지옥하여
種造惡   如是等輩   當墮無間地獄

제3장 중생들의 업연을 살피는 품 … 259

천만억겁에 구출무기하며
千萬億劫　求出無期

약유중생이 투절상주하되 재물곡미와 음
若有衆生　偸竊常住　財物穀米　飮

식의복에 내지일물이나 불여취자는 당타
食衣服　乃至一物　不與取者　當墮

무간지옥하여 천만억겁에 구출무기니다
無間地獄　千萬億劫　求出無期

지장께서 백언하시되 성모시여 약유중생이 작
地藏　白言　聖母　若有衆生　作

여시죄하면 당타 오무간지옥하여 구잠정
如是罪　當墮　五無間地獄　求暫停

고하여도 일념부득이니다
苦　　一念不得

마야부인께서 중백지장보살언하시되 운하
摩耶夫人　重白地藏菩薩言　云何

명위무간지옥이니까
名爲無間地獄

지장께서 백언하되 성모시여 제유지옥 재대철
地藏　白言　聖母　諸有地獄　在大鐵

위산지내하되 기대지옥은 유일십팔소요
圍山之內　　其大地獄　　有一十八所

차유오백하되 명호각별하며 차유천백하되
次有五百　　名號各別　　次有千百

명자각별커니와 무간옥자는 기옥성이 주잡
名字各別　　無間獄者　　其獄城　周匝

팔만여리요 기성이 순철이며 고는 일만리요
八萬餘里　其城　純鐵　　高　一萬里

성상화취 소무공궐하며 기옥성중에 제옥
城上火聚　少無空闕　　其獄城中　諸獄

이 상련하되 명호각별이나 독유일옥이 명왈
　相連　　名號各別　　獨有一獄　名曰

무간이니 기옥은 주잡만팔천리요 옥장고는
無間　　其獄　周匝萬八千里　獄墻高

일천리로되 실시철위라 상화철하하고 하화
一千里　　悉是鐵圍　上火鐵下　　下火

철상하며 철사철구 토화치축하되 옥장지
鐵上　　鐵蛇鐵狗　吐火馳逐　　獄墻之

상에 동서이주하며 옥중에 유상하되 편만만
上　　東西而走　　獄中　有床　　遍滿萬

제3장 중생들의 업연을 살피는 품 ··· 261

리어든 일인이 수죄하되 자견기신이 편와만
里   一人   受罪   自見其身   遍臥滿

상하고 천만인이 수죄하되 역각자견 신만상
床   千萬人   受罪   亦各自見 身滿床

상하니 중업소감으로 획보여시하며 우제죄
上   衆業所感   獲報如是   又諸罪

인이 비수중고할새 천백야차와 급이악귀
人   備受衆苦   千百夜叉   及以惡鬼

구아여검하고 안여전광하며 수부동조로 추
口牙如劍   眼如電光   手復銅爪   抽

장좌참하며 부유야차는 집대철극하여 중죄
腸剉斬   復有夜叉   執大鐵戟   中罪

인신하되 혹중구비하며 혹중복배하여 포공
人身   或中口鼻   或中腹背   抛空

번접하고 혹치상상하며 부유철응은 담죄인
翻接   或置床上   復有鐵鷹   啗罪人

목하며 부유철사는 교죄인수하며 백지절내
目   復有鐵蛇   繳罪人首   百肢節內

에 실하장정하며 발설경려할새 타예죄인하며
   悉下長釘   拔舌耕犁   拖拽罪人

양동관구하고 **열철전신**하여 **만사만생**하니
洋銅灌口　　熱鐵纏身　　萬死萬生

업감여시라 **동경억겁**하여도 **구출무기**하며
業感如是　　動經億劫　　求出無期

차계괴시에 **기생타계**하고 **타계차괴**하여는
此界壞時　　寄生他界　　他界次壞

전기타방하며 **타방괴시**에는 **전전상기**라가
轉寄他方　　他方壞時　　展轉相寄

차계성후에 **환부이래**하니 **무간죄보**는 **기**
此界成後　　還復而來　　無間罪報　其

사여시니다
事如是

우오사업감일새 **고칭무간**이니 **하등**이 **위오**요
又五事業感　　故稱無間　　何等爲五

일자는 **일야수죄**하여 **이지겁수**히 **무시간**
一者　日夜受罪　　以至劫數　　無時間

절일새 **고칭무간**이요
絶　　故稱無間

이자는 **일인**이 **역만**하고 **다인**도 **역만**일새 **고**
二者　一人　亦滿　　多人　亦滿　　故

제3장 중생들의 업연을 살피는 품 … 263

칭무간이요
稱無間

삼자는 **죄기철봉**과 **응사낭견**과 **대마거착**과
三者　　罪器鐵棒　　鷹蛇狼犬　　碓磨鉅鑿

좌작확탕과 **철망철승**과 **철려철마**를 **생혁**
剉斫鑊湯　　鐵網鐵繩　　鐵驢鐵馬　　生革

으로 **낙수**하고 **열철**로 **요신**하며 **기탄철환**하고
　　絡首　　　熱鐵　　澆身　　　飢吞鐵丸

갈음철즙하여 **종년경겁**에 **수나유타**이라도
渴飲鐵汁　　　終年竟劫　　　數那由他

고초상련하여 **갱무간단**일새 **고칭무간**이요
苦楚相連　　　更無間斷　　　故稱無間

사자는 **불문남자여인**과 **강호이적**과 **노유**
四者　　不問男子女人　　羌胡夷狄　　老幼

귀천과 **혹천혹귀**하고 **죄행업감**으로 **실동수**
貴賤　　或天或鬼　　　罪行業感　　　悉同受

지할새 **고칭무간**이요
之　　　故稱無間

오자는 **약타차옥**하면 **종초입시**로 **지백천**
五者　　若墮此獄　　　從初入時　　　至百千

겁이 **일일일야**에 **만사만생**하여 **구일념간**의
劫　　一日一夜　　萬死萬生　　求一念間

잠주부득이라 **제비업진**이라사 **방득수생**할것이
暫住不得　　除非業盡　　方得受生

니 **이차연면**일새 **고칭무간**입니다
　以此連綿　　故稱無間

지장보살께서 **백성모언**하시되 **무간지옥**을
地藏菩薩　　白聖母言　　無間地獄

조설여시이오나 **약광설 지옥죄기등명**과 **급**
粗說如是　　若廣說　地獄罪器等名　及

제고사인데 **일겁지중**에 **구설부진**입니다
諸苦事　　一劫之中　　求說不盡

마야부인께서 **문이**에 **수우합장**하시어 **정례이**
摩耶夫人　　聞已　　愁憂合掌　　頂禮而

퇴하시니라
退

제3장 중생들의 업연을 살피는 품 … 265

염부중생업감품 제사
閻浮眾生業感品 第四

이시에 **지장보살마하살**께서 **백불언**하시되
爾時　地藏菩薩摩訶薩　　白佛言

세존이시여 **아승불여래위신력고**로 **편백천**
世尊　　我承佛如來威神力故　遍百千

만억세계토록 **분시신형**하여 **구발일체업보**
萬億世界　　分是身形　　救拔一切業報

중생하니 **약비여래대자력고**면 **즉불능작**
眾生　　若非如來大慈力故　即不能作

여시변화이니 **아금**에 **우몽불부촉**하오니 **지**
如是變化　　我今　又蒙佛付囑　　　　至

아일다성불이래토록 **육도중생**을 **견령해**
阿逸多成佛以來　　六道眾生　　遣令解

탈케하리니 **유원세존**이시여 **원불유려**하소서
脫　　　　唯 願 世 尊　　　　願 不 有 慮

이시에 **불고지장보살**하시되 **일체중생**의 **미**
爾 時　　佛 告 地 藏 菩 薩　　　一 切 衆 生　　未

해탈자는 **성식**이 **무정**하여 **악습**으로 **결업**하고
解 脫 者　　性 識　　無 定　　惡 習　　　結 業

선습으로 **결과**하여 **위선위악**에 **축경이생**하여
善 習　　　結 果　　爲 善 爲 惡　　逐 境 而 生

윤전오도하되 **잠무휴식**하며 **동경진겁**하여
輪 轉 五 道　　　暫 無 休 息　　　動 經 塵 劫

미혹장난하나니 **여어유망**에 **장시장류**라가
迷 惑 障 難　　　如 魚 遊 網　　將 是 長 流

탈입잠출하다 **우부조망**하니 **이시등배**를 **오**
脫 入 暫 出　　又 復 遭 網　　以 是 等 輩　　吾

당우념이러니 **여기필시왕원 누겁중서**하여
當 憂 念　　　汝 旣 畢 是 往 願　累 劫 重 誓

광도죄배하니 **오부하려**리요
廣 度 罪 輩　　　吾 復 何 慮

설시어시에 **회중**에 **유일보살마하살**하되
說 是 語 時　　會 中　　有 一 菩 薩 摩 訶 薩

명은 정자재왕이라 백불언하시되
名　定自在王　　白佛言

세존이시여 지장보살께서 누겁이래에 각발
世尊　　地藏菩薩　　累劫以來　各發

하원이건대 금몽세존의 은근찬탄입니까 유원
何願　　今蒙世尊　慇懃讚歎　　唯願

세존이시여 약이설지하소서
世尊　　略而說之

이시에 세존께서 고정자재왕보살하시되
爾時　世尊　　告定自在王菩薩

체청체청하여 선사념지하라 오당위여하여
諦聽諦聽　　善思念之　　吾當爲汝

분별해설하리라
分別解說

내왕과거 무량아승기 나유타 불가설
乃往過去　無量阿僧祇　那由他　不可說

겁에 이시유불하시니 호는 일체지성취여래
劫　爾時有佛　　號　一切智成就如來

응공 정편지 명행족 선서 세간해 무상
應供　正遍智　明行足　善逝　世間解　無上

사 조어장부 천인사 불세존이시라 기불수
士 調御丈夫 天人師 佛世尊 其佛壽

명은 육만겁이니 미출가시에 위소국왕하여
命 六萬劫 未出家時 爲小國王

여일인국왕으로 위우하시어 동행십선하여 요
與一隣國王 爲友 同行十善 饒

익중생하더니 기인국내에 소유인민이 다조
益衆生 其隣國內 所有人民 多造

중악커늘 이왕이 의계하고 광설방편할새 일
衆惡 二王 議計 廣設方便 一

왕은 발원하되 조성불도하여 당도시배하여
王 發願 早成佛道 當度是輩

영사무여케하리라하고 일왕은 발원하되 약불선
令使無餘 一王 發願 若不先

도죄고하여 영시안락하여 득지보리하면 아
度罪苦 令是安樂 得至菩提 我

종미원성불이라하니라
終未願成佛

불고 정자재왕보살하시되
佛告 定自在王菩薩

일왕은 발원하여 조성불자는 즉일체지성
一王 發願 早成佛者 卽一切智成

취여래시오
就如來是

일왕은 발원하되 영도죄고중생하고 미원성
一王 發願 永度罪苦衆生 未願成

불자는 즉지장보살이 시니라
佛者 卽地藏菩薩 是

부어과거 무량아승기겁에 유불출세하시니
復於過去 無量阿僧祇劫 有佛出世

명은 청정연화목여래시라 기불수명은 사
名 淸淨蓮華目如來 其佛壽命 四

십겁이니라 상법지중에 유일나한하여 복도
十劫 像法之中 有一羅漢 福度

중생할새 인차교화라가 우일여인하니 자왈
衆生 因次敎化 遇一女人 字曰

광목이라 설식공양커늘 나한이 문지하되 욕
光目 設食供養 羅漢 問之 欲

원하등인고
願何等

광목이 답언하되 아이모망지일에 자복구
光目　答言　　我以母亡之日　資福救

발하오나 미지아모 생처하취로이다
拔　　　未知我母　生處何趣

나한이 민지하사 위입정관하여 견광목여모
羅漢　愍之　　爲入定觀　　見光目女母

하니 타재악취하여 수극대고어늘 나한이 문
　　墮在惡趣　　受極大苦　　羅漢　問

광목언하되 여모재생에 작하행업이건대 금
光目言　　汝母在生　作何行業　　　今

재악취 수극대고이오
在惡趣　受極大苦

광목이 답왈 아모소습은 유호식담 어별
光目　答曰　我母所習　唯好食啖　魚鱉

지속하며 소식어별에 다식기자하되 혹초혹
之屬　　所食魚鱉　　多食其子　　或炒或

자하여 자정식담하니 계기명수하면 천만부
煮　　恣情食啖　　計其命數　　千萬復

배니다 존자는 자민하시어 여하애구하소서
倍　　尊者　慈愍　　　如何哀救

나한이 **민지**하여 **위작방편**하사 **권광목언**하되
羅漢 愍之 爲作方便 勸光目言

여가지성으로 **염청정연화목여래**하고 **겸소**
汝可至誠 念淸淨蓮華目如來 兼塑

화형상하면 **존망**이 **획보**하리라
畵形像 存亡 獲報

광목이 **문이**하고 **즉사소애**하여 **심화불상**하여
光目 聞已 卽捨所愛 尋畵佛像

이공양지하고 **부공경심**으로 **비읍첨례**하더니
而供養之 復恭敬心 悲泣瞻禮

홀어야후에 **몽견불신**하니라 **금색황요**하여
忽於夜後 夢見佛身 金色晃耀

여수미산하시며 **방대광명**하시고 **이고광목**하시
如須彌山 放大光明 而告光目

되 **여모불구**하여 **당생여가**하여 **재각기한**이면
汝母不久 當生汝家 纔覺飢寒

즉당언설하리라하시더니 **기후가내**에 **비생일자**
卽當言說 其後家內 婢生一子

하니 **미만삼일**에 **이내언설**하며 **계수비읍**하여
未滿三日 而乃言說 稽首悲泣

고어광목하되 생사업연으로 과보자수라 오
告於光目　　生死業緣　　果報自受　　吾

시여모로니 구처암명하여 자별여거로 누타
是汝母　　久處暗冥　　自別汝去　　累墮

대지옥이러니 금몽복력하여 당득수생이나 위
大地獄　　　今蒙福力　　當得受生　　爲

하천인이요 우부단명이라 수년십삼에 갱락
下賤人　　又復短命　　壽年十三　　更落

악도하리니 여유하계하여 영오 탈면고
惡道　　　汝有何計　　令吾　脫免

광목이 문설하고 지모무의하여 경열비제하며
光目　聞說　　知母無疑　　哽咽悲啼

이백비자하되 기시아모인덴 합지본죄리니
而白婢子　　旣是我母　　合知本罪

작하행업하여 타어악도잇가
作何行業　　墮於惡道

비자 답언하되 이살생훼매이업수보호라
婢子　答言　　以殺生毀罵二業受報

약비몽복하여 구발오난이면 이시업고로 미
若非蒙福　　救拔吾難　　以是業故　　未

합해탈하리라
合 解 脫

광목이 **문언**하되 **지옥죄보 기사운하**잇가
光 目　　問 言　　地 獄 罪 報　其 事 云 何

비자 답언하되 **죄고지사**는 **불인칭설**이라 **백**
婢 子　答 言　　罪 苦 之 事　　不 忍 稱 說　　百

천세중에 **졸백난경**이니라
千 歲 中　　卒 白 難 竟

광목이 **문이**하고 **제루호읍**하여 **이백공계**하되
光 目　　聞 已　　啼 淚 號 泣　　而 白 空 界

원아지모 영탈지옥하여 **필십삼세**하고는 **갱무**
願 我 之 母　永 脫 地 獄　　畢 十 三 歲　　更 無

중죄와 **급력악도**케하시며 **시방제불**께서 **자애**
重 罪　　及 歷 惡 道　　　十 方 諸 佛　　慈 哀

민아하사 **청아위모**하여 **소발광대서원**하소서
愍 我　　聽 我 爲 母　　所 發 廣 大 誓 願

약득아모영리삼도와 **급사하천**과 **내지여**
若 得 我 母 永 離 三 途　及 斯 下 賤　　乃 至 女

인지신하여 **영겁불수자**면 **원아자금일후**로
人 之 身　　永 劫 不 受 者　　願 我 自 今 日 後

대청정연화목여래상전하여 각후백천만
對 清 淨 蓮 華 目 如 來 像 前   却 後 百 千 萬

억겁중에 응유세계의 소유지옥과 급삼악
億 劫 中   應 有 世 界   所 有 地 獄   及 三 惡

도 제죄고중생을 서원구발하여 영리 지옥
道 諸 罪 苦 衆 生   誓 願 救 拔   令 離 地 獄

악취 축생 아귀등하고 여시죄보등인이 진
惡 趣 畜 生 餓 鬼 等   如 是 罪 報 等 人   盡

성불경연후에사 아방성정각하리다하더니 발서
成 佛 竟 然 後   我 方 成 正 覺   發 誓

원이에 구문 청정연화목여래지설이라 이
願 已   具 聞 清 淨 蓮 華 目 如 來 之 說   而

고지왈
告 之 曰

광목아 여대자민으로 선능위모하여 발 여시
光 目   汝 大 慈 愍   善 能 爲 母   發 如 是

대원일새 오관하니 여모 십삼세필하면 사차
大 願   吾 觀   汝 母 十 三 歲 畢   捨 此

보이하고 생위범지하여 수년백세하고 과시
報 已   生 爲 梵 志   壽 年 百 歲   過 是

보후에는 당생무우국토하여 수명은 불가계
報後　當生無憂國土　　壽命　不可計

겁이라 후성불과하여 광도인천하되 수여항
劫　　後成佛果　　廣度人天　　數如恒

하사하리라하였나니라
河沙

불고정자재왕하시되 이시에 나한이 복도광
佛告定自在王　　爾時　羅漢　福度光

목자는 즉무진의보살이 시요
目者　即無盡意菩薩　是

광목모자는 즉해탈보살이 시요
光目母者　即解脫菩薩　是

광목녀자는 즉지장보살이 시라
光目女者　即地藏菩薩　是

과거구원겁중에 여시자민하여 발항하사
過去久遠劫中　　如是慈愍　　發恒河沙

원하시어 광도중생하였느니라 미래세중에 약유
願　　廣度衆生　　未來世中　若有

남자여인의 불행선자와 행악자와 내지불
男子女人　不行善者　行惡者　乃至不

신인과자와 사음망어자와 양설악구자와
信因果者 邪淫妄語者 兩舌惡口者

훼방대승자인 여시제업중생은 필타악취
毀謗大乘者 如是諸業衆生 必墮惡趣

하리니 약우선지식하여 권령일탄지간이라도
若遇善知識 勸令一彈指間

귀의지장보살케하면 시제중생이 즉득해탈
歸依地藏菩薩 是諸衆生 卽得解脫

삼악도보하리니 약능지심귀경하며 급첨례
三惡道報 若能至心歸敬 及瞻禮

찬탄하고 향화의복과 종종진보와 혹부음
讚歎 香華衣服 種種珍寶 或復飮

식으로 여시봉사자는 미래백천만억겁중에
食 如是奉事者 未來百千萬億劫中

상재제천하여 수승묘락하리니 약천복진하여
常在諸天 受勝妙樂 若天福盡

하생인간이라도 유백천겁을 상위제왕하여
下生人間 猶百千劫 常爲帝王

능억숙명인과본말하리라 정자재왕이여 여
能憶宿命因果本末 定自在王 如

시지장보살이 유여차불가사의대위신력
是 地 藏 菩 薩　有 如 此 不 可 思 議 大 威 神 力

하여 광리중생하나니 여등제보살은 당기시
　　廣 利 衆 生　　　　汝 等 諸 菩 薩　　當 記 是

경하여 광선유포하라
經　　廣 宣 流 布

정자재왕이 백불언하시되 세존이시여 원불유
定 自 在 王　白 佛 言　　　世 尊　　　　願 不 有

려하소서 아등천만억보살마하살이 필능승
慮　　　我 等 千 萬 億 菩 薩 摩 訶 薩　　必 能 承

불위신하사 광연시경하여 어염부제에 이익
佛 威 神　　　廣 演 是 經　　　於 閻 浮 提　　利 益

중생하리이다 정자재왕보살께서 백세존이하시
衆 生　　　　定 自 在 王 菩 薩　　白 世 尊 已

고 합장공경하시며 작례이퇴하였다
　 合 掌 恭 敬　　　作 禮 而 退

이시에 사방천왕이 구종좌기하여 합장공
爾 時　四 方 天 王　俱 從 座 起　　合 掌 恭

경하고 백불언하되 세존이시여 지장보살이 어
敬　　　白 佛 言　　世 尊　　　地 藏 菩 薩　　於

구원겁래에 발여시대원하시되 운하지금에
久遠劫來　　發如是大願　　　云何至今

유도미절하여 갱발광대서원하시나이까 유원
猶度未絕　　更發廣大誓願　　　　　　唯願

세존이시여 위아등설하소서
世尊　　　為我等說

불고사천왕하시되 선재선재라 오금에 위여
佛告四天王　　　善哉善哉　　吾今　　為汝

급미래현재 천인중등하여 광이익고로 설
及未來現在　天人衆等　　　廣利益故　說

지장보살이 어사바세계 염부제내 생사
地藏菩薩　於娑婆世界　閻浮提內　生死

도중에 자애구발하여 도탈일체 죄고중생
道中　慈哀救拔　　　度脫一切　罪苦衆生

하는 방편지사하리라
　　方便之事

사천왕이 언하되 유연세존이시여 원요욕문하
四天王　言　　　唯然世尊　　　願樂欲聞

나이다

불고사천왕하시되 **지장보살**이 **구원겁래**로
佛告四天王　　　地藏菩薩　　久遠劫來

흘지우금토록 **도탈중생**하되 **유미필원**하여
迄至于今　　度脫衆生　　猶未畢願

자민차세죄고중생하며 **다관미래 무량겁**
慈愍此世罪苦衆生　　多觀未來 無量劫

중에 **인만부단**일새 **이시지고**로 **우발중원**하
中　　因蔓不斷　　以是之故　　又發重願

나니 **여시보살**은 **어사바세계염부제중**에 **백**
如是菩薩　　於娑婆世界閻浮提中　　百

천만억방편으로 **이위교화**하나니라
千萬億方便　　而爲敎化

사천왕이여 **지장보살**이
四天王　　地藏菩薩

약우살생자하면 **설숙앙단명보**하고
若遇殺生者　　說宿殃短命報

약우절도자하면 **설빈궁고초보**하고
若遇竊盜者　　說貧窮苦楚報

약우사음자하면 **설작합원앙보**하고
若遇邪淫者　　說雀鴿鴛鴦報

약우악구자하면 설권속투쟁보하고
若遇惡口者 說眷屬鬪諍報

약우훼방자하면 설무설창구보하고
若遇毀謗者 說無舌瘡口報

약우진에자하면 설추루륭잔보하고
若遇瞋恚者 說醜陋癃殘報

약우간린자하면 설소구위원보하고
若遇慳悋者 說所求違願報

약우음식무도자하면 설기갈인병보하고
若遇飮食無度者 說飢渴咽病報

약우전렵자정자하면 설경광상명보하고
若遇畋獵恣情者 說驚狂喪命報

약우패역부모자하면 설천지재살보하고
若遇悖逆父母者 說天地災殺報

약우소산림목자하면 설광미취사보하고
若遇燒山林木者 說狂迷取死報

약우전후부모악독자하면
若遇前後父母惡毒者

설반생편달현수보하고
說返生鞭撻現受報

제4장 사바세계 중생들이 업보를 받는 품 … 281

약우망포생추자하면 설골육분리보하고
若遇網捕生雛者　　說骨肉分離報

약우훼방삼보자하면 설맹롱음아보하고
若遇毀謗三寶者　　說盲聾瘖啞報

약우경법만교자하면 설영처악도보하고
若遇輕法慢敎者　　說永處惡道報

약우파용상주자하면 설억겁윤회지옥보하고
若遇破用常住者　　說億劫輪廻地獄報

약우오범무승자하면 설영재축생보하고
若遇汚梵誣僧者　　說永在畜生報

약우탕화참작상생자하면 설윤회체상보하고
若遇湯火斬斫傷生者　　說輪廻遞償報

약우파계범재자하면 설금수기아보하고
若遇破戒犯齋者　　說禽獸飢餓報

약우비리훼용자하면 설소구궐절보하고
若遇非理毀用者　　說所求闕絶報

약우아만공고자하면 설비사하천보하고
若遇我慢貢高者　　說卑使下賤報

약우양설투란자하면 설무설백설보하고
若遇兩舌鬪亂者　　說無舌百舌報

약우사견자하면 설변지수생보하나니
若遇邪見者 說邊地受生報

여시등염부제중생의 신구의업 악습결
如是等閻浮提衆生 身口意業 惡習結

과로 백천보응을 금조약설하나니 여시등염
果 百千報應 今粗略說 如是等閻

부제중생의 업감차별을 지장보살이 백천
浮提衆生 業感差別 地藏菩薩 百千

방편으로 이교화지언마는 시제중생이 선수
方便 而敎化之 是諸衆生 先受

여시등보하고 후타지옥하여 동경겁수하되
如是等報 後墮地獄 動經劫數

무유출기하나니 시고로 여등은 호인호국하여
無有出期 是故 汝等 護人護國

무령시제중생으로 미혹중생케하라 사천왕이
無令是諸衆業 迷惑衆生 四天王

문이에 체루비탄하고 합장이퇴하니라
聞已 涕淚悲歎 合掌而退

지옥명호품 제오
地獄名號品 第五

이시에 **보현보살마하살**께서 **백지장보살**
爾時　普賢菩薩摩訶薩　　白地藏菩薩

언하시되 **인자**시여 **원위천룡팔부**와 **급미래**
言　　仁者　　願爲天龍八部　　及未來

현재 일체중생하시어 **설 사바세계**와 **급염**
現在　一切衆生　　　說 娑婆世界　及閻

부제 죄고중생의 **소수보처 지옥명호**와
浮提　罪苦衆生　　所受報處　地獄名號

급악보등사하시어 **사미래세말법중생**으로
及惡報等事　　　使未來世末法衆生

지시과보케하소서
知是果報

지장께서 답언하시되 인자시여 아금에 승불위
地藏   答言   仁者   我今 承佛威

신과 급대사지력하여 약설지옥명호와 급
神   及大士之力   略說地獄名號   及

죄보지사하리이다 인자시여 염부제 동방에
罪報之事   仁者   閻浮提 東方

유산하되 호왈철위니 기산이 흑수하여 무일
有山   號曰鐵圍   其山   黑邃   無日

월광하고 유대지옥하니 호가 극무간이니다
月光   有大地獄   號   極無間

우유지옥하니 명왈대아비요
又有地獄   名曰大阿鼻

부유지옥하니 명왈사각이요
復有地獄   名曰四角

부유지옥하니 명왈비도요
復有地獄   名曰飛刀

부유지옥하니 명왈화전이요
復有地獄   名曰火箭

부유지옥하니 명왈협산이요
復有地獄   名曰夾山

부유지옥하니 **명왈통창**이요
復有地獄　　名曰通槍

부유지옥하니 **명왈철거**요
復有地獄　　名曰鐵車

부유지옥하니 **명왈철상**이요
復有地獄　　名曰鐵床

부유지옥하니 **명왈철우**요
復有地獄　　名曰鐵牛

부유지옥하니 **명왈철의**요
復有地獄　　名曰鐵衣

부유지옥하니 **명왈천인**이요
復有地獄　　名曰千刃

부유지옥하니 **명왈철려**요
復有地獄　　名曰鐵驢

부유지옥하니 **명왈양동**이요
復有地獄　　名曰洋銅

부유지옥하니 **명왈포주**요
復有地獄　　名曰抱柱

부유지옥하니 **명왈유화**요
復有地獄　　名曰流火

부유지옥하니 명왈경설이요
復有地獄 名曰耕舌

부유지옥하니 명왈좌수요
復有地獄 名曰剉首

부유지옥하니 명왈소각이요
復有地獄 名曰燒脚

부유지옥하니 명왈담안이요
復有地獄 名曰啗眼

부유지옥하니 명왈철환이요
復有地獄 名曰鐵丸

부유지옥하니 명왈쟁론이요
復有地獄 名曰諍論

부유지옥하니 명왈철수요
復有地獄 名曰鐵銖

부유지옥하니 명왈다진이니다
復有地獄 名曰多瞋

지장보살께서 우언하시되 인자시여 철위지내에
地藏菩薩 又言 仁者 鐵圍之內

유여시등 지옥하되 기수무한이니다
有如是等 地獄 其數無限

갱유규환지옥과 발설지옥과 분뇨지옥과
更有叫喚地獄　拔舌地獄　糞尿地獄

동쇄지옥과 화상지옥과 화구지옥과
銅鎖地獄　火象地獄　火狗地獄

화마지옥과 화우지옥과 화산지옥과
火馬地獄　火牛地獄　火山地獄

화석지옥과 화상지옥과 화량지옥과
火石地獄　火床地獄　火梁地獄

화응지옥과 거아지옥과 박피지옥과
火鷹地獄　鋸牙地獄　剝皮地獄

음혈지옥과 소수지옥과 소각지옥과
飮血地獄　燒手地獄　燒脚地獄

도자지옥과 화옥지옥과 철옥지옥과
倒刺地獄　火屋地獄　鐵屋地獄

화랑지옥인 여시등지옥이거든
火狼地獄　如是等地獄

기중에 각각부유 제소지옥하되 혹일혹이
其中　各各復有　諸小地獄　或一或二

머 혹삼혹사로 내지백천이 기중명호는 각
或三或四　乃至百千　其中名號　各

각부동이니다
各不同

지장보살께서 우고보현보살언하시되
地藏菩薩　　又告普賢菩薩言

인자시여 차등은 개시 남염부제 행악중생
仁者　　此等　皆是　南閻浮提　行惡衆生

의 업감으로 여시라
　業感　　　如是

업력심대하여 능적수미하고
業力甚大　　能敵須彌

능심거해하여 능장성도합니다
能深巨海　　能障聖道

시고로 중생은 막경소악하여 이위무죄일지니
是故　衆生　莫輕小惡　　以爲無罪

사후유보가 섬호수지하니 부자지친이라도
死後有報　纖毫受之　　父子至親

기로각별하며 종연상봉하여도 무긍대수이니다
岐路各別　　縱然相逢　　無肯代受

아금에 승불위력하옵고 약설지옥죄보지사
我今　　承佛威力　　　略說地獄罪報之事

하오니 **유원인자**시여 **잠청시언**하소서
惟願仁者　　暫聽是言

보현보살께서 **답언**하시되 **오수구지 삼악도**
普賢菩薩　　答言　　吾雖久知 三惡道

보이나 **망인자설**은 **영후세말법 일체악행중**
報　　望仁者說　　令後世末法 一切惡行衆

생으로 **문인자설**하여 **사령귀향불법**케하나이다
生　　聞仁者說　　使令歸向佛法

지장보살께서 **백언**하시되
地藏菩薩　　白言

인자시여 **지옥죄보 기사여시**이니다
仁者　　地獄罪報 其事如是

혹유지옥은 **취죄인설**하여 **사우경지**하며
或有地獄　取罪人舌　　使牛耕之

혹유지옥은 **취죄인심**하여 **야차식지**하며
或有地獄　取罪人心　　夜叉食之

혹유지옥은 **확탕성비**에 **자죄인신**하며
或有地獄　鑊湯盛沸　　煮罪人身

혹유지옥은 **적소동주**에 **사죄인포**하며
或有地獄　赤燒銅柱　　使罪人抱

혹유지옥은 비맹화취하여 진급죄인하며
或有地獄　飛猛火聚　趁及罪人

혹유지옥은 일향한빙이며
或有地獄　一向寒氷

혹유지옥은 무한분뇨며
或有地獄　無限糞尿

혹유지옥은 비철질려하며
或有地獄　飛鐵鏃鑗

혹유지옥은 다찬화창하며
或有地獄　多攢火槍

혹유지옥은 추당흉배하며
或有地獄　椎撞胸背

혹유지옥은 구소수족하며
或有地獄　俱燒手足

혹유지옥은 반교철사하며
或有地獄　盤繳鐵蛇

혹유지옥은 구축철구하며
或有地獄　驅逐鐵狗

혹유지옥은 병가철려니다
或有地獄　並駕鐵驢

인자시여 여시등보로 각각옥중에 유백천종
仁者 如是等報 各各獄中 有百千種

업도지기하되 무비시동시철이며 시석시화
業道之器 無非是銅是鐵 是石是火

니 차사종물은 중업행감입니다 약광설 지옥
此四種物 眾業行感 若廣說 地獄

죄보등사인대 일일옥중에 갱유 백천종 고
罪報等事 一一獄中 更有 百千種 苦

초어든 하황다옥이리오 아금에 승불위신과
楚 何況多獄 我今 承佛威神

급인자문하여 약설여시어니와 약광해설인덴
及仁者問 略說如是 若廣解說

궁겁부진이니다
窮劫不盡

여래찬탄품 제육
如來讚歎品 第六

이시에 **세존**께서 **거신방 대광명**하사 **편조백**
爾時 世尊 擧身放 大光明 遍照百

천억 항하사등 제불세계하시며 **출대음성**
千億 恒河沙等 諸佛世界 出大音聲

하사 **보고제불세계 일체제보살마하살**과
普告諸佛世界 一切諸菩薩摩訶薩

급천룡귀신 인비인등하시되 **청오금일**에
及天龍鬼神 人非人等 聽吾今日

칭양찬탄 지장보살마하살이 **어시방세**
稱揚讚歎 地藏菩薩摩訶薩 於十方世

계에 **현대불가사의 위신자비지력**하여 **구**
界 現大不可思議 威神慈悲之力 救

호일체죄고지사하고 오멸도후에 여등제
護一切罪苦之事　吾滅度後　汝等諸

보살대사와 급천룡귀신등도 광작방편하여
菩薩大士　及天龍鬼神等　廣作方便

위호시경하며 영일체중생으로 이일체고하고
衛護是經　令一切衆生　離一切苦

증열반락케하라
證涅槃樂

설시어이시어늘 회중에 유일보살하니 명왈
說是語已　會中　有一菩薩　名曰

보광이라 합장공경하시어 이백불언하시되 금
普廣　合掌恭敬　而白佛言　今

견세존께서 찬탄지장보살의 유여시불가사
見世尊　讚歎地藏菩薩　有如是不可思

의 대위신력이나이다 유원세존이시여 위미래
議大威神力　唯願世尊　爲未來

세 말법중생하사 선설지장보살의 이익인
世末法衆生　宣說地藏菩薩　利益人

천 인과등사하여 사제천룡팔부 급미래
天　因果等事　使諸天龍八部　及未來

세중생으로 정수불어케하소서
世衆生　　頂受佛語

이시에 세존께서 고 보광보살과 급사중등하
爾時 世尊 告普廣菩薩 及四衆等

시되 체청체청하라 오당위여하여 약설지장
諦聽諦聽　　吾當爲汝　　略說地藏

보살의 이익인천 복덕지사하리라
菩薩　利益人天　福德之事

보광께서 백언하시되
普廣　　白言

유연세존 원요욕문하나이다
唯然世尊　願樂欲聞

불고보광보살하시되 미래세중에 약유선남
佛告普廣菩薩　　　未來世中　若有善男

자선녀인이 문시지장보살마하살명자와
子善女人　　聞是地藏菩薩摩訶薩名者

혹합장자와 찬탄자와 작례자와 연모자시
或合掌者　讚歎者　作禮者　戀慕者是

인은 초월삼십겁죄하리라
人　超越三十劫罪

제6장 여래께서 찬탄하시는 품 … 295

보광이여 약유선남자선녀인이 혹채화형상
普廣　　若有善男子善女人　或彩畵形像

커나 혹토석교칠과 금은동철로 작차보살하
　　或土石膠漆　　金銀銅鐵　作此菩薩

여 일첨일례자시인 백반생어삼십삼
　一瞻一禮者是人　百返生於三十三

천하여 영불타어악도하리니 가여천복이 진
天　　永不墮於惡道　　　假如天福　盡

고로 하생인간이라도 유위국왕하여 불실대
故　下生人間　　猶爲國王　　不失大

리하리라
利

약유여인이 염여인신하여 진심공양지장
若有女人　厭女人身　　盡心供養地藏

보살화상과 급토석교칠동철등상하되 여
菩薩畵像　及土石膠漆銅鐵等像　　　如

시일일불퇴하여 상이화향음식과 의복증
是日日不退　　常以華香飮食　　衣服繒

채와 당번전보등물로 공양하면 시선여인이
綵　幢幡錢寶等物　　供養　　是善女人

진차일보여신하고 백천만겁에 갱불생 유
盡此一報女身　百千萬劫　更不生 有

여인세계어든 하황부수여신이리오 제자비
女人世界　何況復受女身　除慈悲

원력고로 요수여신하여 도탈중생하고 승사
願力故　要受女身　度脫衆生　承斯

공양 지장보살지력과 급공덕력고로 백
供養　地藏菩薩之力　及功德力故　百

천만겁에 갱불부수여인지신하리라
千萬劫　更不復受女人之身

부차 보광보살이여 약유여인이 염시추루
復次　普廣菩薩　若有女人　厭是醜陋

하며 다질병자하여 단어지장보살상전에 지
多疾病者　但於地藏菩薩像前　至

심첨례식경지간이라도 시인은 천만겁중에
心瞻禮食頃之間　是人　千萬劫中

소수생신이 상모원만하고 무제질병하리며
所受生身　相貌圓滿　無諸疾病

시 추루여인이 여불염시여신하면 즉백천
是　醜陋女人　如不厭是女身　卽百千

제6장 여래께서 찬탄하시는 품 … 297

만억겁생중에 **상위왕녀**와 **내급왕비**와 **재**
萬 億 劫 生 中　　常 爲 王 女　　乃 及 王 妃　　宰

보대성 대장자녀하여 **단정수생**하고 **제상**이
輔 大 姓 大 長 者 女　　端 正 受 生　　諸 相

원만하리니 **유지심고**로 **첨례지장보살**하면
圓 滿　　由 至 心 故　　瞻 禮 地 藏 菩 薩

획복여시하리라
獲 福 如 是

부차 보광이여 **약유선남자 선녀인**이 **능대**
復 次 普 廣　　若 有 善 男 子 善 女 人　　能 對

지장보살상전하여 **작제기악**하며 **가영찬탄**하고
地 藏 菩 薩 像 前　　作 諸 妓 樂　　歌 詠 讚 歎

향화공양하되 **내지권어일인다인**하여도 **여**
香 華 供 養　　乃 至 勸 於 一 人 多 人　　如

시등배는 **현재세중**과 **급미래세**에 **상득백**
是 等 輩　　現 在 世 中　　及 未 來 世　　常 得 百

천귀신이 **일야위호**하여 **불영악사**로 **첩문**
千 鬼 神　　日 夜 衛 護　　不 令 惡 事　　輒 聞

어이케함이온 **하황친수제횡**이리오
於 耳　　何 況 親 受 諸 橫

부차 보광보살이여 미래세중에 약유악인과
復次 普廣菩薩　　未來世中　　若有惡人

급악신악귀 견유선남자 선녀인의 귀경
及惡神惡鬼　見有善男子　善女人　歸敬

공양 찬탄 첨례 지장보살형상하고 혹망
供養 讚歎 瞻禮 地藏菩薩形像　　或妄

생기훼하며 방무공덕과 급이익사라하여 혹
生譏毀　　謗無功德　　及利益事　　或

로치소커나 혹배면비커나 혹권인공비하며
露齒笑　　或背面非　　或勸人共非

혹일인비커나 혹다인비커나 내지일념이나
或一人非　　或多人非　　乃至一念

생기훼자면 여시지인은 지현겁천불 멸
生譏毀者　如是之人　　至賢劫千佛　滅

도지후하여도 기훼죄보로 상재아비지옥하여
度之後　　譏毀罪報　尚在阿鼻地獄

수극중죄하리며 과시겁이코는 방수아귀하며
受極重罪　　過是劫已　　方受餓鬼

우경천겁하여 부수축생하며 우경천겁하여
又經千劫　　復受畜生　　又經千劫

방득인신하나니 **종득인신**하여도 **빈궁하천**하고
方得人身　　　縱得人身　　　　貧窮下賤

제근이 **불구**하며 **다피악업**이 **내결기신**하여
諸根　不具　　多被惡業　　來結其身

불구지간에 **부타악도**하리니 **시고**로 **보광**이여
不久之間　　復墮惡道　　　是故　普廣

기훼타인공양하여도 **상획차보**어든 **하황별**
譏毁他人供養　　　尚獲此報　　　何況別

생 악견훼멸이리오
生　惡見毁滅

부차 보광보살이여 **약미래세**에 **유남자여인**
復次普廣菩薩　　若未來世　　有男子女人

이 **구환상침**하여 **구생구사**하되 **요불가득**하며
久患牀枕　　　求生求死　　了不可得

혹야몽에 **악귀내급가친**하며 **혹유험도**하며
或夜夢　　惡鬼乃及家親　　　或遊險道

혹다엽매하여 **공귀신유**하며 **일월세심**하되
或多魘魅　　共鬼神遊　　　日月歲深

전부왕채하여 **수중규환**하여 **처참불락자**는
轉復尪瘵　　睡中叫喚　　　悽慘不樂者

차개시업도론대(此皆是業道論對)에 미정경중(未定輕重)하여 혹난사수(或難捨壽)하며 혹부득유(或不得愈)하여 남녀속안(男女俗眼)으로 불변시사(不辯是事)하나니 단당대(但當對) 제불보살상전(諸佛菩薩像前)하여 고성전독(高聲轉讀) 차경일편(此經一遍)커나 혹취병인(或取病人)의 가애지물(可愛之物)이어나 혹의복보패(或衣服寶貝)와 장원사택(莊園舍宅)을 대병인전(對病人前)하여 고성창언(高聲唱言)하되 아모갑등(我某甲等)이 위시병인(爲是病人)하여 대경상전(對經像前)하여 사제물등(捨諸物等)하되 혹공양경상(或供養經像)커나 혹조불보살형상(或造佛菩薩形像)커나 혹조탑사(或造塔寺)커나 혹연유등(或燃油燈)커나 혹시상주(或施常住)하거나 여시삼백병인(如是三白病人)하여 견령문지(遣令聞知)하면 가사제식(假使諸識)이 분산(分散)하여 지기진자(至氣盡者)

라도 **일일 이일 삼일**로 **내지칠일**토록 **단고**
一日 二日 三日　　乃至七日　　但高

성백사하며 **고성독경**하면 **시인**은 **명종지후**
聲白事　　高聲讀經　　是人　　命終之後

에 **숙앙중죄**로 **지우오무간죄**라도 **영득해**
　宿殃重罪　　至于五無間罪　　永得解

탈하며 **소수생처**에 **상지숙명**하리니 **하황선**
脫　　所受生處　　常知宿命　　何況善

남자선녀인이 **자서차경**커나 **혹교인서**하며
男子善女人　　自書此經　　或敎人書

혹자소화보살형상커나 **내지교인소화**이리
或自塑畫菩薩形像　　　乃至敎人塑畫

오 **소수과보**는 **필획대리**하리니
　所受果報　　必獲大利

시고로 **보광**이여 **약견유인**이 **독송시경**커나
是故　　普廣　　若見有人　　讀誦是經

내지일념이나 **찬탄시경**하며 **혹공경시경자**
乃至一念　　讚歎是經　　或恭敬是經者

어든 **여수백천방편**으로 **권시등인**하되 **근심**
　汝須百千方便　　勸是等人　　勤心

막퇴하면 **능득미래현재**에 **백천만억 불가**
莫退　　　能得未來現在　　百千萬億　不可

사의공덕하리라
思議功德

부차 보광보살이여 **약미래세계**에 **제중생등**
復次　普廣菩薩　　若未來世世　　諸衆生等

이 **혹몽혹매**에 **견제귀신**과 **내급제형**하고 **혹**
　或夢或寐　　見諸鬼神　　乃及諸形　　或

비혹제하며 **혹수혹탄**하며 **혹공혹포**하나니 **차**
悲或啼　　或愁或歎　　或恐或怖　　此

는 **개시일생십생**과 **백생천생**의 **과거부모**
　皆是一生十生　　百生千生　　過去父母

와 **남녀제매**와 **부처권속**이 **재어악취**하여 **미**
　男女弟妹　　夫妻眷屬　　在於惡趣　　未

득출리로되 **무처희망복력**으로 **구발고뇌**일새
得出離　　無處希望福力　　救拔苦惱

당고숙세골육하여 **사작방편**하여 **원리악도**
當告宿世骨肉　　使作方便　　願離惡道

하나니 **보광**이여 **여이신력**으로 **견시권속**을 **영**
　　普廣　　汝以神力　　遣是眷屬　　令

제6장 여래께서 찬탄하시는 품 … 303

대제불보살상전하여 지심으로 자독차경커니
對諸佛菩薩像前　至心　自讀此經

혹청인독하여 기수삼편커나 혹지칠편하면
或請人讀　其數三遍　或至七遍

여시악도권속이 경성필시편수하면 당득
如是惡道眷屬　經聲畢是遍數　當得

해탈하여 내지몽매지중에 영불부견하리라
解脫　乃至夢寐之中　永不復見

부차 보광이여 약미래세에 유제하천등인의
復次普廣　若未來世　有諸下賤等人

혹노혹비와 내지제부자유지인이 각지숙
或奴或婢　乃至諸不自由之人　覺知宿

업하고 요참회자 지심첨례 지장보살형
業　要懺悔者　至心瞻禮　地藏菩薩形

상하여 내어일칠일중에 염보살명하여 가만
像　乃於一七日中　念菩薩名　可滿

만편하면 여시등인은 진차보후 천만생중
萬遍　如是等人　盡此報後　千萬生中

에 상생존귀하여 갱불경력 삼악도고하리라
　常生尊貴　更不經歷　三惡道苦

부차 보광이여 약미래세중 염부제내에 찰
復次 普廣　若未來世中 閻浮提內　剎

리 바라문 장자 거사 일체인등과 급이
利 婆羅門 長者 居士 一切人等　及異

성종족에 유신생자 혹남혹녀어든 칠일지
姓種族　有新生者 或男或女　七日之

중에 조여독송 차불가사의경전하고 갱위
中　早與讀誦 此不可思議經典　更爲

념보살명호하되 가만만편하면 시신생자
念菩薩名號　可滿萬遍　是新生子

혹남혹녀의 숙유앙보를 변득해탈하여 안
或男或女　宿有殃報　便得解脫　安

락이양하고 수명이 증장하리며 약시승복생
樂易養　壽命 增長　若是承福生

자는 전증안락하며 급여수명하리라
者　轉增安樂　及與壽命

부차 보광이여 약미래세중생이 어월일일팔
復次 普廣　若未來世衆生　於月一日八

일과 십사십오와 십팔일이십삼과 이십사
日　十四十五　十八日二十三　二十四

이십팔일과 이십구삼십일인 시제일등은
二十八日 二十九三十日 是諸日等

제죄결집하여 정기경중하나니 남염부제중
諸罪結集 定其輕重 南閻浮提衆

생의 거지동념이 무불시업이며 무불시죄어
生 擧止動念 無不是業 無不是罪

든 하황자정으로 살생절도하며 사음망어하는
何況恣情 殺生竊盜 邪淫妄語

백천죄상이리오 약능어시십재지일에 대
百千罪狀 若能於是十齋之日 對

불보살과 급제현성상전하여 전독시경일
佛菩薩 及諸賢聖像前 轉讀是經一

편하면 동서남북백유순내에 무제재난하며
遍 東西南北百由旬內 無諸災難

당차거가에 약장약유커나 현재미래백천
當此居家 若長若幼 現在未來百千

세중에 영리악취할것이니 능어십재일에 매
歲中 永離惡趣 能於十齋日 每

전일편하면 현세에 영차거가로 무제횡병하
轉一遍 現世 令此居家 無諸橫病

고 **의식**이 **풍일**할것이니 **시고**로 **보광**이여 **당지**하
衣 食　豊 溢　　　　是 故　普 廣　　當 知

라 **지장보살**이 **유여시등 불가설 백천만**
地 藏 菩 薩　有 如 是 等　不 可 說 百 千 萬

억 대위신력 이익지사하니 **염부중생**이 어
億　大 威 神 力　利 益 之 事　　閻 浮 衆 生　於

차대사에 **유대인연**하니 **시제중생**이 **문보**
此 大 士　　有 大 因 緣　　　是 諸 衆 生　聞 菩

살명커나 **견보살상**커나 **내지문시경삼자오**
薩 名　　　見 菩 薩 像　　乃 至 聞 是 經 三 字 五

자커나 **혹일게일구자**는 **현재**에 **수묘안락**하
字　　　或 一 偈 一 句 者　　現 在　　殊 妙 安 樂

며 **미래지세 백천만생**에 **상득단정**하여 **생**
未 來 之 世　百 千 萬 生　　常 得 端 正　　　生

존귀가하리라
尊 貴 家

이시에 **보광보살**께서 **문불여래**의 **칭양찬탄**
爾 時　普 廣 菩 薩　　聞 佛 如 來　　稱 揚 讚 歎

지장보살하시옵고 **호궤합장**하여 **부백불언**하시
地 藏 菩 薩　　　　胡 跪 合 掌　　　復 白 佛 言

되 세존이시여 아구지시대사의 유여차불가사
世尊　　我久知是大士　有如此不可思

의신력과 급대서원력하옵고 위미래중생하여 견
議神力　及大誓願力　　爲未來衆生　　遣

지이익 고문여래하옵나니 세존이시여 당하명차
知利益　故問如來　　世尊　　當何名此

경이며 사아로 운하유포하오리까 유원정수하나이다
經　使我　云何流布　　唯願頂受

불고보광하시되 차경이 범유삼명하니 일명은
佛告普廣　　此經　凡有三名　　一名

지장본원이요 역명지장본행이며 역명지장
地藏本願　亦名地藏本行　　亦名地藏

본서력경이니 연차보살이 구원겁래에 발
本誓力經　　緣此菩薩　久遠劫來　發

중대원하여 이익중생하나니 시고로 여등은
重大願　　利益衆生　　是故　　汝等

의원유포하라 보광보살께서 문이신수하고
依願流布　　普廣菩薩　　聞已信受

합장공경하시어 작례이퇴하니라
合掌恭敬　　作禮而退

이익존망품 제칠
利益存亡品 第七

이시에 **지장보살마하살**께서 **백불언**하시되
爾時　地藏菩薩摩訶薩　　白佛言

세존이시여 **아관시염부제중생**하니 **거족동**
世尊　　我觀是閻浮提衆生　　　擧足動

념이 **무비시죄**라 **약우선리**라도 **다퇴초심**하
念　無非是罪　若遇善利　　多退初心

며 **혹우악연**하면 **염념증익**하나이다 **시등배인**이
或遇惡緣　　念念增益　　　是等輩人

여리니도하고 **부어중석**하여서 **점곤점중**하여
如履泥塗　　負於重石　　　漸困漸重

족섭심수입니다 **약득우선지식**하면 **체여감**
足涉深邃　　若得遇善知識　　替與減

제7장 산 사람과 망자에게 모두 이로운 품 … 309

부커나 혹전여부하니 시선지식이 유대력고
負　　或全與負　　是善知識　　有大力故

로 부상부조하며 권령뢰각하여 약달평지하여
復相扶助　　勸令牢脚　　若達平地

는 수성악로하여 무재경력입니다
須省惡路　　無再經歷

세존이시여 습악중생은 종섬호간하여 변지
世尊　　習惡衆生　　從纖毫間　　便至

무량하니 시제중생이 유여차습일새 임명
無量　　是諸衆生　　有如此習　　臨命

종시에 남녀권속이 의위설복하여 이자전
終時　　男女眷屬　　宜爲設福　　以資前

로하되 혹현번개하고 급연유등하며 혹전독
路　　或縣幡盖　　及燃油燈　　或轉讀

존경하고 혹공양불상과 급제성상하며 내지
尊經　　或供養佛像　　及諸聖像　　乃至

염불보살과 급벽지불명자를 일명일호하여
念佛菩薩　　及辟支佛名字　　一名一號

역임종인이근커나 혹문재본식하면 시제중
歷臨終人耳根　　或聞在本識　　是諸衆

생의 소조악업을 계기감과하여 필타악취라
生　所造惡業　　計其感果　　必墮惡趣

도 연시권속의 위기임종지인하여 수차성
　　緣是眷屬　　爲其臨終之人　　修此聖

인일새 여시중죄 실개소멸하나이다
因　　如是衆罪　悉皆消滅

약능갱위신사지후 칠칠일내에 광조중
若能更爲身死之後　　七七日內　　廣造衆

선하면 능사시제중생으로 영리악취하고 득
善　　能使是諸衆生　　永離惡趣　　得

생인천하여 수승묘락하며 현재권속도 이익
生人天　　受勝妙樂　　現在眷屬　　利益

무량할것이니 시고로 아금에 대불세존과 급
無量　　是故　我今　　對佛世尊　　及

천룡팔부 인비인등하여 권어염부제중생
天龍八部　人非人等　　勸於閻浮提衆生

하되 임종지일에 신물살생하고 급조악연하며
　　臨終之日　愼勿殺生　　及造惡緣

배제귀신하여 구제망량하라하나이다 하이고오
拜祭鬼神　　求諸魍魎　　　　　　何以故

시소살연과 내지배제는 무섬호지력도 이
是所殺緣　乃至拜祭　無纖毫之力　利

익망인하고 단결죄연하여 전증심중하니 가
益亡人　但結罪緣　轉增深重　假

사내세이나 혹현재생에 득획성분하여 생인
使來世　或現在生　得獲聖分　生人

천중이라도 연시임종에 피제권속의 조시악
天中　緣是臨終　被諸眷屬　造是惡

인으로 역령시명종인이 앙루대변하여 만생
因　亦令是命終人　殃累對辯　晚生

선처함이온 하황임명종인이 재생에 미증 유
善處　何況臨命終人　在生　未曾有

소선근하면 각거본업하여 자수악취입니다 하
少善根　各據本業　自受惡趣　何

인권속이 갱위증업이나이까 비여유인이 종
忍眷屬　更爲增業　譬如有人　從

원지래에 절량삼일이요 소부담물이 강과
遠地來　絶糧三日　所負擔物　强過

백근이어늘 홀우인인하여 갱부소물하면 이시
百斤　忽遇隣人　更附小物　以是

지고로 전부곤중인듯합니다 세존이시여 아관하니
之故　轉復困重　　　　　　　世尊　　我觀

염부중생이 단능어제불교중에 내지선사
閻浮衆生　但能於諸佛敎中　乃至善事

를 일모일적과 일사일진이라도 여시이익을
一毛一滴　　一沙一塵　　　如是利益

실개자득할것입니다
悉皆自得

설시어시에 회중에 유일장자하니 명왈대
說是語時　會中　有一長者　名曰大

변이라 시장자 구증무생하여 화도시방할새
辯　　是長者　久證無生　　化度十方

현장자신이러니 합장공경하여 문지장보살
現長者身　　　合掌恭敬　　問地藏菩薩

언하되 대사시여 시남염부제중생이 명종지
言　　大士　　是南閻浮提衆生　命終之

후에 대소권속이 위수공덕하되 내지설재하
後　大小眷屬　爲修功德　　乃至設齋

여 조중선인하면 시명종인이 득대이익과 급
造衆善因　　是命終人　得大利益　及

해탈부잇가
解 脫 不

지장보살께서 **답언**하시되 **장자**여 **아금**에 **위**
地藏菩薩　　答言　　　長者　我今　爲

미래현재 일체중생하여 **승불위력**하여 **약설**
未來現在 一切衆生　　承佛威力　　略說

시사하리다 **장자**여 **미래현재 제중생등**이 **임**
是事　　　長者　未來現在　諸衆生等　臨

명종시에 **득문일불명**커나 **일보살명**커나 **일**
命終時　得聞一佛名　　一菩薩名　　一

벽지불명하면 **불문유죄무죄**하고 **실득해탈**
辟支佛名　　不問有罪無罪　　悉得解脫

하리다 **약유남자여인**이 **재생**에 **불수선인**하고
　　若有男子女人　　在生　不修善因

다조중죄하여서 **명종지후**에 **권속대소위조**
多造衆罪　　命終之後　眷屬大小爲造

복리일체성사하면 **칠분지중**에 **이내획일**하
福利一切聖事　　七分之中　而乃獲一

고 **육분공덕**은 **생자 자리**하나니 **이시지고**로
　六分功德　　生者自利　　以是之故

미래현재 선남녀등이 문건자수하면 분분
未來現在 善男女等 聞健自修 分分

전획하리다 무상대귀가 불기이도하면 명명
全獲 無常大鬼 不期而到 冥冥

유신이 미지죄복하여 칠칠일내에 여치여
遊神 未知罪福 七七日內 如癡如

롱하며 혹재제사하여 변론업과하고 심정지
聾 或在諸司 辯論業果 審定之

후에 거업수생하나니 미측지간에 천만수고
後 據業受生 未測之間 千萬愁苦

어든 하황타어제악취등이리오 시명종인이
何況墮於諸惡趣等 是命終人

미득수생하고 재칠칠일내하여 염념지간에
未得受生 在七七日內 念念之間

망제골육권속의 여조복력구발하다가 과시
望諸骨肉眷屬 與造福力救拔 過是

일후에 수업수보하나니 약시죄인이면 동경
日後 隨業受報 若是罪人 動經

천백세중하여도 무해탈일이요 약시오무간
千百歲中 無解脫日 若是五無間

죄로 타대지옥하면 천겁만겁에 영수중고합니다
罪 墮大地獄 千劫萬劫 永受衆苦

부차 장자여 여시죄업중생은 명종지후에
復次 長者 如是罪業衆生 命終之後

권속골육이 위수영재하여 자조업도하되 미
眷屬骨肉 爲修營齋 資助業道 未

재식경과 급영재지차에 미감채엽을 불기
齋食竟 及營齋之次 米泔菜葉 不棄

어지하며 내지제식을 미헌불승하고 물득선
於地 乃至諸食 未獻佛僧 勿得先

식하리니 여유위식커나 급불정근하면 시명종
食 如有違食 及不精勤 是命終

인이 요부득력하리다 약능정근호정하여 봉
人 了不得力 若能精勤護淨 奉

헌불승하면 시명종인이 칠분에 획일하리라
獻佛僧 是命終人 七分 獲一

시고로 장자여 염부중생이 약능위기부모
是故 長者 閻浮衆生 若能爲其父母

와 **내지권속**하여 **명종지후**에 **설재공양**하되
乃至眷屬　命終之後　設齋供養

지심근간하면 **여시지인**은 **존망획리**하리다
至心勤懇　如是之人　存亡獲利

설시어시에 **도리천궁**에 **유천만억 나유**
說是語時　忉利天宮　有千萬億那由

타 염부귀신이 **실발무량보리심**하며 **대변**
他　閻浮鬼神　悉發無量菩提心　大辯

장자는 **환희봉교**하고 **작례이퇴**하니라
長者　歡喜奉敎　作禮而退

염라왕중찬탄품 제팔
閻羅王衆讚歎品 第八

이시 철위산내에 **유무량귀왕**이라 **여염라**
爾時 鐵圍山內 有無量鬼王 與閻羅

천자로 **구예도리**하여 **내도불소**하니 **소위**
天子 俱詣忉利 來到佛所 所謂

악독귀왕과 **다악귀왕**과 **대쟁귀왕**과
惡毒鬼王 多惡鬼王 大爭鬼王

백호귀왕과 **혈호귀왕**과 **적호귀왕**과
白虎鬼王 血虎鬼王 赤虎鬼王

산앙귀왕과 **비신귀왕**과 **전광귀왕**과
散殃鬼王 飛身鬼王 電光鬼王

낭아귀왕과 **천안귀왕**과 **담수귀왕**과
狼牙鬼王 千眼鬼王 噉獸鬼王

부석귀왕과　　주모귀왕과　　주화귀왕과
負石鬼王　　　主耗鬼王　　　主禍鬼王

주복귀왕과　　주식귀왕과　　주재귀왕과
主福鬼王　　　主食鬼王　　　主財鬼王

주축귀왕과　　주금귀왕과　　주수귀왕과
主畜鬼王　　　主禽鬼王　　　主獸鬼王

주매귀왕과　　주산귀왕과　　주명귀왕과
主魅鬼王　　　主産鬼王　　　主命鬼王

주질귀왕과　　주험귀왕과　　삼목귀왕과
主疾鬼王　　　主險鬼王　　　三目鬼王

사목귀왕과　　오목귀왕과　　기리실왕과
四目鬼王　　　五目鬼王　　　祁利失王

대기리실왕과　 기리차왕과　　대기리차왕과
大祁利失王　　 祁利叉王　　　大祁利叉王

아나타왕과　　대아나타왕인
阿那吒王　　　大阿那吒王

여시등대귀왕이 각각여백천제소귀왕으
如是等大鬼王　 各各與百千諸小鬼王

로 진거염부제하여 각유소집하며 각유소주
　 盡居閻浮提　　各有所執　　各有所住

제8장 염라왕들을 찬탄하는 품 … 319

하니 **시제귀왕**이 **여염라천자**로 **승불위신**과
是 諸 鬼 王　與 閻 羅 天 子　承 佛 威 神

급지장보살마하살력하고 **구예도리**하여 **재**
及 地 藏 菩 薩 摩 訶 薩 力　俱 詣 忉 利　　在

일면립하였다
一 面 立

이시에 **염라천자**가 **호궤합장**하여 **백불언**하
爾 時　閻 羅 天 子　胡 跪 合 掌　　白 佛 言

되 **세존**이시여 **아등**이 **금자**에 **여제귀왕**으로 **승**
世 尊　　我 等　今 者　與 諸 鬼 王　　承

불위신과 **급지장보살마하살력**하사 **방득**
佛 威 神　及 地 藏 菩 薩 摩 訶 薩 力　　方 得

예차도리대회하옵고 **역시아등**이 **획선리고**
詣 此 忉 利 大 會　　亦 是 我 等　獲 善 利 故

이니다 **아금**에 **유소의사**하와 **감문세존**하오니
　　　　我 今　　有 小 疑 事　　敢 問 世 尊

유원세존이시여 **자비**로 **위아선설**하소서
唯 願 世 尊　　　慈 悲　　爲 我 宣 說

불고염라천자하되 **자여소문**하라 **오위여설**
佛 告 閻 羅 天 子　　恣 汝 所 問　　吾 爲 汝 說

하리라 시시(是時)에 염라천자(閻羅天子)가 첨례세존(瞻禮世尊)하고 급(及)
회시지장보살(廻視地藏菩薩)하며 이백불언(而白佛言)하되 세존(世尊)이시여
아관(我觀)하오니 지장보살(地藏菩薩)께서 재육도중(在六道中)하사 백천(百千)
방편(方便)으로 이도죄고중생(而度罪苦衆生)하시되 불사피권(不辭疲倦)하옵니
다 시대보살(是大菩薩)께서 유여시(有如是) 불가사의(不可思議) 신통지(神通之)
사(事)시어늘 연제중생(然諸衆生)이 탈획죄보(脫獲罪報)하였다가 미구(未久)
지간(之間)에 우타악도(又墮惡道)하니 세존(世尊)이시여 시지장보(是地藏菩)
살(薩)께서 기유여시불가사의신력(旣有如是不可思議神力)이어늘 운하중(云何衆)
생(生)이 이불의지선도(而不依止善道)하여 영취해탈(永取解脫)하나이까 유(唯)
원세존(願世尊)이시여 위아해설(爲我解說)하소서

제8장 염라왕들을 찬탄하는 품

불고염라천자하시되 남염부제중생이 기성
佛告閻羅天子　　　南閻浮提衆生　其性

이 강강하여 난조난복커늘 시대보살이 어백
剛强　　　難調難伏　　是大菩薩　於百

천겁에 두두구발 여시중생하여 조령해탈
千劫　頭頭救拔　如是衆生　　早令解脫

케하며 시제죄인도 내지타 대악취라도 보살
是諸罪人　乃至墮　大惡趣　　菩薩

이 이방편력으로 출발근본업연하여 이견오
以方便力　　出拔根本業緣　　而遣悟

숙세지사케하건만 자시염부중생이 결악습
宿世之事　　　自是閻浮衆生　結惡習

중하고 선출선입하여 노사보살케하고 구경겁
重　旋出旋入　　勞斯菩薩　　久經劫

수토록 이작도탈케하나니 비여유인이 미실본
數　而作度脫　　譬如有人　迷失本

가하고 오입험도할새 기험도중에 다제야차
家　誤入險道　其險道中　多諸夜叉

와 급호랑사자와 원사복갈하였더니 여시미
及虎狼獅子　蚖蛇蝮蠍　　如是迷

322 … 지장경

인이 재험도중하여 수유지간에 즉조제독커
人 在 險 道 中　須 臾 之 間　卽 遭 諸 毒

늘 유일지식이 다해대술하여 선금시독과 내
有 一 知 識　多 解 大 術　善 禁 是 毒　乃

급야차제악독등이러니 홀봉미인이 욕진험
及 夜 叉 諸 惡 毒 等　忽 逢 迷 人　欲 進 險

도어늘 이어지언하되 돌재라 남자여 위하사
道　而 語 之 言　咄 哉　男 子　爲 何 事

고로 이입차로인가 유하이술인데 능제제독
故　而 入 此 路　有 何 異 術　能 制 諸 毒

이어냐 시미로인이 홀문시어하고 방지험도하
是 迷 路 人　忽 聞 是 語　方 知 險 道

여 즉편퇴보하며 구출차로어늘 시선지식이
卽 便 退 步　求 出 此 路　是 善 知 識

제휴접수하고 인출험도하여 면제악독하고
提 携 接 手　引 出 險 道　免 諸 惡 毒

지우호도하여 영득안락케하고 이어지언하되
至 于 好 道　令 得 安 樂　而 語 之 言

돌재미인아 자금이후에 물리차도하라 차
咄 哉 迷 人　自 今 以 後　勿 履 此 道　此

로입자는 졸난득출하며 부손성명하리라하거든
路入者　卒難得出　　復損性命

시미로인이 역생감동하며 임별지시에 지
是迷路人　亦生感動　　臨別之時　知

식이 우언하되 약견지친과 급제로인이 약남
識　又言　若見知親　及諸路人　若男

약녀어든 언어차로에 다제독악일새 상실성
若女　　言於此路　多諸毒惡　喪失性

명이라하여 무령시중으로 자취기사하라하나니 시
命　　　無令是衆　自取其死　　是

고로 지장보살이 구대자비하여 구발죄고
故　地藏菩薩　具大慈悲　救拔罪苦

중생하여 욕생천인중하여 영수묘락커든 시
衆生　欲生天人中　令受妙樂　是

제죄중이 지업도고하여 탈득출리하여 영불
諸罪衆　知業道苦　脫得出離　永不

재력하나니 여미로인이 오입험도라가 우선
再歷　如迷路人　誤入險道　遇善

지식하여 인접령출하여 영불부입하며 봉견
知識　引接令出　永不復入　逢見

타인하여 부권막입하면 자연히 인시미고로
他人　　　復勸莫入　　　自然　　因是迷故

해탈이경하며 갱불부입이라하리라 약재리천하
解脫離竟　　更不復入　　　　　若再履踐

여 유상미오하여 불각구증 소락험도하고 혹
　猶尚迷誤　　不覺舊曾　所落險道　　或

치실명하면 여타악취중생을 지장보살이
致失命　　如墮惡趣衆生　　地藏菩薩

방편력고로 사령해탈하여 생인천중케하여도
方便力故　　使令解脫　　　生人天中

선우재입하나니 약업결중하면 영처지옥하여
旋又再入　　　若業結重　　永處地獄

무해탈시리라
無解脫時

이시에 악독귀왕이 합장공경하여 백불언하
爾時　惡毒鬼王　　合掌恭敬　　　白佛言

되 세존이시여 아등제귀왕이 기수무량이라
　世尊　　　我等諸鬼王　　其數無量

재염부제하여 혹이익인하며 혹손해인하여
在閻浮提　　　或利益人　　　或損害人

제8장 염라왕들을 찬탄하는 품 … 325

각각부동은 연시업보입니다 사아권속으로
各各不同　然是業報　使我眷屬

유행세계에 다악소선이라 과인가정커나 혹
遊行世界　多惡少善　過人家庭　或

성읍취락 장원방사에 혹유남자여인이
城邑聚落　莊園房舍　或有男子女人

수호발선사하되 내지현 일번일개하며 소
修毫髮善事　乃至懸　一幡一盖　少

향소화로 공양불상과 급보살상하며 혹전
香少華　供養佛像　及菩薩像　或轉

독존경하며 소향공양일구일게라도 아등귀
讀尊經　燒香供養一句一偈　我等鬼

왕이 경례시인하되 여과거현재미래제불하
王　敬禮是人　如過去現在未來諸佛

여 칙제소귀에 각유대력과 급토지분하여 갱
勅諸小鬼　各有大力　及土地分　更

령위호하여 불령악사횡사와 악병횡병과
令衛護　不令惡事橫事　惡病橫病

내지불여의사 근어차사등처케하거든 하황
乃至不如意事　近於此舍等處　何況

입기문호리까
入其門戶

불찬귀왕하시되 **선재선재**라 **여등**과 **급여염**
佛讚鬼王　　　　善哉善哉　汝等　及與閻

라천자로 **능여시** **옹호선남자선녀인**하나니
羅天子　能如是　擁護善男子善女人

오역령어범왕제석하여 **위호여등**하리라
吾亦令於梵王帝釋　　衛護汝等

설시어시에 **회중**에 **유일귀왕**하니 **명왈주**
說是語時　會中　有一鬼王　名曰主

명이라 **백불언**하되 **세존**이시여 **아본업연**으로
命　　　白佛言　　世尊　　我本業緣

주기염부제인수명하여 **생시사시**를 **아개**
主其閻浮提人壽命　　生時死時　我皆

주지하나이다 **재아본원**에는 **심대이익**이언마는
主之　　　　在我本願　　甚大利益

자시중생이 **불회아의**하여 **치령생사**하여 **구**
自是眾生　不會我意　致令生死　俱

부득안케하니 **하이고**오 **시염부제인**의 **초생**
不得安　　何以故　是閻浮提人　初生

제8장 염라왕들을 찬탄하는 품 … 327

지시에 불문남녀하고 장욕생시에 단작선
之時　不問男女　　　將欲生時　但作善

사하여 증익사택하면 자령토지로 무량환희
事　　增益舍宅　　　自令土地　無量歡喜

하여 옹호자모하여 득대안락하여 이익권속케
　　 擁護子母　　　得大安樂　　利益眷屬

하리니 혹이생하하여는 신물살생이어늘 취제선
　　　 或已生下　　　愼勿殺生　　取諸鮮

미하여 공급산모하며 급광취권속하여 음주
味　　 供給産母　　 及廣聚眷屬　　 飮酒

식육하며 가악현관하여 능령자모로 부득안
食肉　　歌樂絃管　　　能令子母　　不得安

락케하니 하이고오 시산난시에 유무수악
樂　　　何以故　　是産難時　　有無數惡

귀와 급망량정매가 욕식성혈하거든 시아 조
鬼　及魍魎精魅　　欲食腥血　　　是我 早

령사택토지영기로 하호자모하여 사령안
令舍宅土地靈祇　荷護子母　　　使令安

락하여 이득이익케하니 여시지인이 견안락
樂　　　而得利益　　　如是之人　　見安樂

고로 **편합설복**하여 **답제토지**어늘 **번위살생**
故　　便合設福　　　答諸土地　　　翻爲殺生

하여 **취회권속**할새 **이시지고**로 **범앙자수**하여
　　聚會眷屬　　　以是之故　　　犯殃自受

자모구손케하나이다　**우염부제**　**임명종인**을
子母俱損　　　　　　又閻浮提　　臨命終人

불문선악하고 **아욕령시명종지인**으로 **불락**
不問善惡　　　我欲令是命終之人　　　　不落

악도케하거든 **하황자수선근**하여 **증아력고**리까
惡道　　　　　何況自修善根　　　增我力故

시염부제 행선지인이 **임명종시**에도 **역유**
是閻浮提 行善之人　　臨命終時　　　亦有

백천악독귀신이 **혹변작부모**하며 **내지제**
百千惡毒鬼神　　或變作父母　　　乃至諸

권속하여 **인접망인**하여 **영락악도**케하니 **하황**
眷屬　　　引接亡人　　　令落惡道　　　何況

본조악자리까
本造惡者

세존이시여 **여시염부제남자여인**이 **임명종**
世尊　　　如是閻浮提男子女人　　臨命終

시에 신식이 혼미하여 불변선악하며 내지안
時　神識　昏迷　　不辨善惡　　乃至眼

이에 갱무견문커든 시제권속이 당수설대
耳　更無見聞　　是諸眷屬　　當須設大

공양하며 전독존경하여 염불보살명호하면
供養　　轉讀尊經　　念佛菩薩名號

여시선연으로 능령망자하여 이제악도하고
如是善緣　　能令亡者　　離諸惡道

제마귀신이 실개퇴산하리다
諸魔鬼神　悉皆退散

세존이시여 일체중생이 임명종시에 약득문
世尊　　一切衆生　臨命終時　　若得聞

일불명커나 일보살명하며 혹대승경전 일
一佛名　　一菩薩名　　或大乘經典　一

구일게하면 아관여시배인은 제오무간 살
句一偈　　我觀如是輩人　　除五無間　殺

생지죄하고는 소소악업으로 합타악취자라도
生之罪　　　小小惡業　　　合墮惡趣者

심즉해탈하리다
尋卽解脫

불고주명귀왕하시되 여대자고로 능발여시
佛告主命鬼王　汝大慈故　能發如是

대원하여 어생사중에 호제중생하니 약미래
大願　於生死中　護諸衆生　若未來

세중에 유남자여인이 지생사시어든 여막
世中　有男子女人　至生死時　汝莫

퇴시원하고 총령해탈하여 영득안락케하라
退是願　總令解脫　永得安樂

귀왕이 백불하되 원불유려하소서 아필시형토
鬼王　白佛　願不有慮　我畢是形

록 염념옹호 염부중생하여 생시사시에 구
念念擁護　閻浮衆生　生時死時　俱

득안락케하려니와 단원제중생이 어생사시에
得安樂　但願諸衆生　於生死時

신수아어하면 무불해탈하여 획대이익하나이다
信受我語　無不解脫　獲大利益

이시에 불고지장보살하시되
爾時　佛告地藏菩薩

시대귀왕 주수명자는 이증경백천생중하
是大鬼王　主壽命者　已曾經百千生中

여 **작대귀왕**하여 **어생사중**에 **옹호중생**하나니
作大鬼王　　於生死中　　擁護衆生

여시대사 자비원고로 **현대귀왕신**이요 **실**
如是大士 慈悲願故　　現大鬼王身　　實

비귀야라 **각후과일백칠십겁**하여 **당득성**
非鬼也　　却後過一百七十劫　　　當得成

불하리니 **호왈무상여래**며 **겁명**은 **안락**이요
佛　　　號曰無相如來　　劫名　安樂

세계명은 **정주**라 **기불수명**은 **불가계겁**이니
世界名　淨住　　其佛壽命　　不可計劫

라 **지장보살**이여 **시대귀왕**의 **기사여시**하여
　地藏菩薩　　是大鬼王　　其事如是

불가사의며 **소도천인**도 **역불가한량**이니라
不可思議　　所度天人　　亦不可限量

칭불명호품 제구
稱佛名號品 第九

이시에 **지장보살마하살**께서 **백불언**하시되
爾時　地藏菩薩摩訶薩　白佛言

세존이시여 **아금**에 **위미래중생**하여 **연이익**
世尊　我今　爲未來衆生　演利益

사하여 **어생사중**에 **득대이익**케하오니 **유원세**
事　於生死中　得大利益　唯願世

존께서는 **청아설지**하소서
尊　聽我說之

불고지장보살하시되 **여금**에 **욕흥자비**하여
佛告地藏菩薩　汝今　欲興慈悲

구발일체 죄고육도중생하려하여 **연부사의**
救拔一切 罪苦六道衆生　演不思議

사라하니 금정시시라 유당속설하라 오즉열
事   今正是時   唯當速說   吾卽涅

반하여 사여로 조필시원하며 오역무우 현재
槃   使汝 早畢是願   吾亦無憂 現在

미래일체중생하리라
未來一切衆生

지장보살께서 백불언하시되 세존이시여 과거
地藏菩薩   白佛言   世尊   過去

무량 아승기겁에 유불출세하시니 호는 무변
無量 阿僧祇劫 有佛出世   號 無邊

신여래이옵니다 약유남자여인이 문시불명하
身如來   若有男子女人   聞是佛名

고 잠생공경하면 즉득초월사십겁 생사중
   暫生恭敬   卽得超越四十劫 生死重

죄어든 하황소화형상하여 공양찬탄하면 기
罪   何況塑畫形像   供養讚歎   其

인획복이 무량무변하나이다
人獲福 無量無邊

우어과거 항하사겁에 유불출세하시니 호는
又於過去 恒河沙劫 有佛出世   號

보승여래이옵니다 약유남자여인이 문시불
寶勝如來　　　　若有男子女人　聞是佛

명하고 일탄지경이라도 발심귀의하면 시인은
名　　一彈指頃　　發心歸依　　是人

어무상도에 영불퇴전하나이다
於無上道　永不退轉

우어과거에 유불출세하시니 호는 파두마승
又於過去　有佛出世　　號　波頭摩勝

여래이옵니다 약유남자여인이 문시불명하고
如來　　　若有男子女人　　聞是佛名

역어이근하면 시인은 당득천반을 생어육
歷於耳根　　是人　當得千返　生於六

욕천중이리니 하황지심칭념이리까
欲天中　　　何況至心稱念

우어과거불가설 불가설 아승기겁에 유
又於過去不可說　不可說　阿僧祇劫　　有

불출세하시니 호는 사자후여래이옵니다 약유
佛出世　　號　獅子吼如來　　　　若有

남자여인이 문시불명하고 일념귀의하면 시
男子女人　聞是佛名　　一念歸依　　是

제9장 부처님의 명호를 부르는 품 … 335

인은 득우무량제불하여 마정수기하나이다
人　　得遇無量諸佛　　摩頂受記

우어과거에 유불출세하시니 호 구류손불이
又於過去　有佛出世　　號　拘留孫佛

옵니다 약유남자여인이 문시불명하고 지심
　　　若有男子女人　聞是佛名　　至心

첨례커나 혹부찬탄하면 시인은 어현겁천불
瞻禮　　或復讚歎　　是人　於賢劫千佛

회중에 위대범왕하여 득수상기하나이다
會中　爲大梵王　　得授上記

우어과거에 유불출세하시니 호는 비바시불이옵
又於過去　有佛出世　　號　毗婆尸佛

니다 약유남자여인이 문시불명하면 영불타
　　若有男子女人　聞是佛名　　永不墮

어악도하고 상생인천하여 수승묘락하나이다
於惡道　　常生人天　　受勝妙樂

우어과거무량무수 항하사겁에 유불출
又於過去無量無數　恒河沙劫　　有佛出

세하시니 호는 다보여래이옵니다 약유남자여
世　　號　多寶如來　　　　若有男子女

인이 문시불명하면 필경불타악도하고 상재
人　　聞是佛名　　畢竟不墮惡道　　常在

천상하여 수승묘락하나이다
天上　　受勝妙樂

우어과거에 유불출세하시니 호는 보상여래
又於過去　　有佛出世　　號　寶相如來

이옵니다 약유남자여인이 문시불명하고 생공
　　　　若有男子女人　　聞是佛名　　生恭

경심하면 시인은 불구에 득아라한과하나이다
敬心　　是人　　不久　　得阿羅漢果

우어과거무량아승기겁에 유불출세하시니
又於過去無量阿僧祇劫　　有佛出世

호는 가사당여래이옵니다 약유남자여인이
號　袈裟幢如來　　　　若有男子女人

문시불명하면 초일백대겁생사지죄하나이다
聞是佛名　　超一百大劫生死之罪

우어과거에 유불출세하시니 호는 대통산왕
又於過去　　有佛出世　　號　大通山王

여래이옵니다 약유남자여인이 문시불명자는
如來　　　　若有男子女人　　聞是佛名者

제9장 부처님의 명호를 부르는 품 ··· 337

시인이 득우항하사불하사 광위설법하면 필
是人　得遇恒河沙佛　廣爲說法　必

성보리하나이다
成菩提

우어과거에 유정월불과 산왕불과 지승불
又於過去　有淨月佛　山王佛　智勝佛

과 정명왕불과 지성취불과 무상불과 묘성
　淨名王佛　智成就佛　無上佛　妙聲

불과 만월불과 월면불인 유여시등 불가설
佛　滿月佛　月面佛　有如是等　不可說

불이옵니다
佛

세존이시여 현재미래일체중생의 약천약인
世尊　現在未來一切衆生　若天若人

과 약남약녀로 단염득 일불명호하여도 공덕
　若男若女　但念得　一佛名號　功德

이 무량이어든 하황다명이리까 시중생등은 생
　無量　何況多名　是衆生等　生

시사시에 자득대리하여 종불타악도하나이다
時死時　自得大利　終不墮惡道

약유임명종인의 **가중권속**이 **내지일인**이나
若有臨命終人　家中眷屬　　乃至一人

위시병인하여 **고성**으로 **염일불명**하면 **시명**
爲是病人　　　高聲　　念一佛名　　　是命

종인이 **제오무간대죄**하고 **여업보등 실득**
終人　　除五無間大罪　　餘業報等　悉得

소멸이오니 **시오무간대죄 수지극중**하여 **동**
消滅　　　是五無間大罪　雖至極重　　動

경억겁하여 **요부득출**이언마는 **승사임명종시**
經億劫　　　了不得出　　　　承斯臨命終時

에 **타인**이 **위기칭념불명**함으로 **어시죄중**도
　他人　　　爲其稱念佛名　　　　於是罪重

역점소멸이어든 **하황중생**의 **자칭자념**이리까
亦漸消滅　　　何況衆生　　自稱自念

획복무량하고 **멸무량죄**하나이다
獲福無量　　滅無量罪

교량보시공덕연품 제십
校量布施功德緣品 第十

이시에 **지장보살마하살**께서 **승불위신**하사
爾時　地藏菩薩摩訶薩　承佛威神

종좌이기하여 **호궤합장**하고 **백불언**하시되
從座而起　胡跪合掌　白佛言

세존이시여 **아관 업도중생**하여 **교량보시**컨대
世尊　我觀業道衆生　校量布施

유경유중하여 **유일생수복**하며 **유십생수복**
有輕有重　有一生受福　有十生受福

하며 **유백생천생**에 **수대복리자**하니 **시사운**
有百生千生　受大福利者　是事云

하니까 **유원세존**이시여 **위아설지**하소서
何　唯願世尊　爲我說之

이시에 불고지장보살하시되 오금어 도리
爾時 佛告地藏菩薩 吾今於 忉利

천궁일체중회에 설염부제 보시교량 공
天宮一切衆會 說閻浮提布施校量功

덕경중하니 여당제청하라 오위여설하리라
德輕重 汝當諦聽 吾爲汝說

지장께서 백불하시되
地藏 白佛

아의시사하니 원요욕문하나이다
我疑是事 願樂欲聞

불고지장보살하시되 남염부제에 유제국왕
佛告地藏菩薩 南閻浮提 有諸國王

과 재보대신과 대장자와 대찰리와 대바라
宰輔大臣 大長者 大刹利 大婆羅

문등이 약우최하빈궁이나 내지륭잔암아
門等 若遇最下貧窮 乃至癃殘暗啞

롱치무목인 여시종종불완구자하여 시대
聾癡無目 如是種種不完具者 是大

국왕등이 욕보시시에 약능구 대자비하여
國王等 欲布施時 若能具 大慈悲

제10장 보시한 공덕을 헤아리는 품 … 341

하심함소하여 친수편보시어나 혹사인시하여
下心含笑　　親手遍布施　　或使人施

연언위유하면 시국왕등의 소획복리는 여
軟言慰喩　　是國王等　　所獲福利　如

보시 백항하사 불공덕지리하니라
布施　百恒河沙　佛功德之利

하이고오 연시국왕등이 어시최빈천배와
何以故　　緣是國王等　　於是最貧賤輩

급불완구자에 발대자비심일새 시고로 복
及不完具者　　發大慈悲心　　是故　福

리유여차보하여 백천생중에 상득칠보구
利有如此報　　百千生中　　常得七寶具

족하리니 하황의식수용이리오
足　　何況衣食受用

부차지장이여 약미래세에 유제국왕 지바
復次地藏　　若未來世　　有諸國王　至婆

라문등이 우불탑사어나 혹불형상이어나 내
羅門等　　遇佛塔寺　　或佛形像　　乃

지보살성문 벽지등상하여 궁자영판하여
至菩薩聲聞　辟支等像　　躬自營辦

공양보시하면 시국왕등이 당득삼겁을 위
供養布施　是國王等　當得三劫　爲

제석신하여 수승묘락하리니 약능이차 보시
帝釋身　受勝妙樂　若能以此布施

복리로 회향법계하면 시대국왕등이 어십
福利　回向法界　是大國王等　於十

겁중에 상위대범천왕하리라
劫中　常爲大梵天王

부차지장이여 약미래세에 유제국왕 지바
復次地藏　若未來世　有諸國王　至婆

라문등이 우선불탑묘어나 혹지경상이 훼
羅門等　遇先佛塔廟　或至經像　毁

괴파락하여 내능발심수보하되 시국왕등이
壞破落　乃能發心修補　是國王等

혹자영판커나 혹권타인하되 내지백천인등
或自營辦　或勸他人　乃至百千人等

하여 보시결연하면 시국왕등이 백천생중에
布施結緣　是國王等　百千生中

상위전륜왕신이요 여시타인의 동보시자는
常爲轉輪王身　如是他人　同布施者

제10장 보시한 공덕을 헤아리는 품 … 343

백천생중에 상위소국왕신하리며 갱능어탑
百千生中　常爲小國王身　　更能於塔

묘전에 발 회향심하면 여시국왕과 내급제인
廟前　發回向心　如是國王　乃及諸人

이 진성불도하리니 이차과보는 무량무변하니라
盡成佛道　以此果報　無量無邊

부차지장이여 미래세중에 유제국왕과 급바
復次地藏　未來世中　有諸國王　及婆

라문등이 견제노병과 급생산부녀하고 약
羅門等　見諸老病　及生産婦女　若

일념간이나 구대자심하여 보시의약 음식 와
一念間　具大慈心　布施醫藥 飮食 臥

구하여 사령안락하면 여시복리는 최부사의
具　使令安樂　如是福利　最不思議

라 일백겁중에 상위정거천주하며 이백겁
一百劫中　常爲淨居天主　二百劫

중에 상위육욕천주하고 필경성불하여 영불
中　常爲六欲天主　畢竟成佛　永不

타악도하며 내지백천생중에 이불문고
墮惡道　乃至百千生中　耳不聞苦

성하리라
聲

부차지장이여 약미래세중에 유제국왕과 급
復次地藏　若未來世中　有諸國王　及

바라문등이 능작여시보시하면 획복무량하
婆羅門等　能作如是布施　獲福無量

고 갱능회향하면 불문다소하고 필경성불하리
更能回向　不問多少　畢竟成佛

니 하황석범전륜지보이리오 시고로 지장이여
何況釋梵轉輪之報　是故　地藏

보권중생하여 당여시학케하라
普勸衆生　當如是學

부차지장이여 미래세중에 약선남자선녀인
復次地藏　未來世中　若善男子善女人

이 어불법중에 종소선근을 모발사진등허
於佛法中　種少善根　毛髮沙塵等許

라도 소수복리는 불가위유니라
所受福利　不可爲喩

부차지장이여 미래세중에 약유선남자선녀
復次地藏　未來世中　若有善男子善女

제10장 보시한 공덕을 헤아리는 품 … 345

인이 우불형상과 보살형상과 벽지불형상
人　遇佛形像　菩薩形像　辟支佛形像

과 전륜왕형상하여 보시공양하면 득무량복
轉輪王形像　布施供養　得無量福

이요 상재인천하여 수승묘락하리니 약능회향
常在人天　受勝妙樂　若能回向

법계하면 시인복리는 불가위유니라
法界　是人福利　不可爲喩

부차지장이여 미래세중에 약유선남자선녀
復次地藏　未來世中　若有善男子善女

인이 우대승경전하여 혹청문일게일구하고
人　遇大乘經典　或聽聞一偈一句

발은중심하여 찬탄공경하며 보시공양하면
發殷重心　讚歎恭敬　布施供養

시인의 획대과보는 무량무변하리니 약능회
是人　獲大果報　無量無邊　若能回

향법계하면 기복은 불가위유리라
向法界　其福　不可爲喩

부차지장이여 약미래세중에 유선남자선녀
復次地藏　若未來世中　有善男子善女

인이 우불탑사와 대승경전하여 신자는 보시
人 遇佛塔寺   大乘經典   新者 布施

공양하며 첨례찬탄하며 공경합장하고 약우
供養   瞻禮讚歎   恭敬合掌   若遇

고자어나 혹훼괴자어든 수보영리하되 혹독
故者   或毁壞者   修補營理   或獨

발심하거나 혹권타인하여 동공발심하면 여시
發心   或勸他人   同共發心   如是

등배는 삼십생중에 상위제소국왕하고 단
等輩 三十生中 常爲諸小國王   檀

월지인은 상위륜왕하여 환이선법으로 교화
越之人   常爲輪王   還以善法   教化

제소국왕하리라
諸小國王

부차지장이여 미래세중에 약유선남자선녀
復次地藏   未來世中   若有善男子善女

인이 어불법중에 소종선근하되 혹보시공양
人 於佛法中   所種善根   或布施供養

하며 혹수보탑사하며 혹장리경전하되 내지
    或修補塔寺   或裝理經典   乃至

제10장 보시한 공덕을 헤아리는 품 ··· 347

일모일진과 일사일제일지라도 여시선사를
一毛一塵　一沙一渧　如是善事

단능회향법계하면 시인공덕은 백천생중에
但能回向法界　是人功德　百千生中

수상묘락하리니 여단회향 자가권속이어나
受上妙樂　如但回向　自家眷屬

혹자신이익하면 여시지과는 즉삼생락이라
或自身利益　如是之果　卽三生樂

일득만보리니 시고로 지장이여 보시인연이
一得萬報　是故　地藏　布施因緣

기사여시니라
其事如是

지신호법품 제십일
地神護法品 第十一

이시에 **견뢰지신**이 **백불언**하시되
爾時　堅牢地神　白佛言

세존이시여 **아종석래**로 **첨앙정례 무량보**
世尊　我從昔來　瞻仰頂禮　無量菩

살마하살하니 **개시대 불가사의**한 **신통지**
薩摩訶薩　皆是大 不可思議　神通智

혜로 **광도중생**이언마는 **시지장보살마하살**은
慧　廣度衆生　是地藏菩薩摩訶薩

어제보살보다 **서원**이 **심중**하나이다
於諸菩薩　誓願　深重

세존이시여 **시지장보살**이 **어염부제**에 **유 대**
世尊　是地藏菩薩　於閻浮提　有大

인연因緣하시니 여如 문수文殊 보현普賢 관음觀音 미륵彌勒도 역亦
화백천신형化百千身形하여 도어육도度於六道하시되 기원其願이 상尙
유필경有畢竟이어니와 시지장보살是地藏菩薩은 교화육도敎化六道 일一
체중생切衆生하시되 소발서원겁수所發誓願劫數는 여천백억항如千百億恒
하사河沙하니 세존世尊이시여 아관我觀하오니 미래급현재未來及現在
중생衆生이 어소주처於所住處이나 어남방청결지지於南方淸潔之地에
이토석죽목以土石竹木으로 작기감실作其龕室하고 시중是中에 능소能塑
화畵하되 내지금은동철乃至金銀銅鐵로 작지장형상作地藏形像하고 소燒
향공양香供養하며 첨례찬탄瞻禮讚歎하면 시인거처是人居處에 즉득卽得
십종이익十種利益하리니 하등何等이 위십爲十고

일자는 토지풍양이요 이자는 가택영안이요
一者　　土地豊穰　　二者　　家宅永安

삼자는 선망생천이요 사자는 현존익수요
三者　　先亡生天　　四者　　現存益壽

오자는 구자수의요 육자는 무수화재요
五者　　求者遂意　　六者　　無水火災

칠자는 허모벽제요 팔자는 두절악몽이요
七者　　虛耗辟除　　八者　　杜絶惡夢

구자는 출입신호요 십자는 다우성인이니다
九者　　出入神護　　十者　　多遇聖因

세존이시여 미래세중과 급현재중생이 약능
世尊　　未來世中　　及現在衆生　　若能

어 소주처방면에 작여시공양하면 득여시
於　所住處方面　　作如是供養　　得如是

이익하리이다
利益

견뢰지신이 부백불언하되 세존이시여 미래
堅牢地神　　復白佛言　　世尊　　未來

세중에 약유선남자선녀인이 어소주처에
世中　　若有善男子善女人　　於所住處

제11장 땅의 신들이 불법을 보호하는 품 … 351

견차경전과 급보살상하고 시인이 갱능전
見此經典　及菩薩像　是人　更能轉

독경전하며 공양보살하면 아상일야에 이본
讀經典　供養菩薩　我常日夜　以本

신력으로 위호시인하여 내지수화도적이며 대
神力　衛護是人　乃至水火盜賊　大

횡소횡이며 일체악사를 실개소멸케하리다
橫小橫　一切惡事　悉皆消滅

불고지신하시되 견뢰여 여대신력은 제신이
佛告地神　堅牢　汝大神力　諸神

소급이니 하이고오 염부토지 실몽여호하며
少及　何以故　閻浮土地　悉蒙汝護

내지초목사석과 도마죽위와 곡미보패가
乃至草木沙石　稻麻竹葦　穀米寶貝

종지이유는 개인여력이어늘 우당칭양 지
從地而有　皆因汝力　又當稱揚　地

장보살이익지사하니 여지공덕과 급이신
藏菩薩利益之事　汝之功德　及以神

통은 백천배어상분지신하니라
通　百千倍於常分地神

약미래세중에 유선남자선녀인이 공양보
若未來世中 有善男子善女人 供養菩

살하며 급전독시경하되 단의지장본원경하여
薩 及轉讀是經 但依地藏本願經

일사수행자라도 여이본신력으로 이옹호지
一事修行者 汝以本神力 而擁護之

하여 물령일체재해와 급불여의사 첩문어
勿令一切災害 及不如意事 輒聞於

이어든 하황령수이리오 비단여 독호시인하고
耳 何況令受 非但汝獨護是人

역유 석범권속과 제천권속이 옹호시인하
亦有釋梵眷屬 諸天眷屬 擁護是人

리니 하고로 득여시성현의 옹호어뇨 개유첨
何故 得如是聖賢 擁護 皆由瞻

례지장형상하며 급 전독시 본원경고로 자
禮地藏形像 及 轉讀是 本願經故 自

연필경에 출리고해하여 증열반락하리니 이
然畢竟 出離苦海 證涅槃樂 以

시지고로 득대옹호하나니라
是之故 得大擁護

제11장 땅의 신들이 불법을 보호하는 품 … 353

견문이익품 제십이
見聞利益品 第十二

이시에 **세존**께서 **종정문상**하사
爾時 世尊 從頂門上

방백천만억 대호상광하시니 **소위**
放百千萬億 大毫相光 所謂

백호상광과 **대백호상광**이며
白毫相光 大白毫相光

서호상광과 **대서호상광**이며
瑞毫相光 大瑞毫相光

옥호상광과 **대옥호상광**이며
玉毫相光 大玉毫相光

자호상광과 **대자호상광**이며
紫毫相光 大紫毫相光

청호상광과 **대청호상광**이며
青毫相光　　大青毫相光

벽호상광과 **대벽호상광**이며
碧毫相光　　大碧毫相光

홍호상광과 **대홍호상광**이며
紅毫相光　　大紅毫相光

녹호상광과 **대녹호상광**이며
錄毫相光　　大錄毫相光

금호상광과 **대금호상광**이며
金毫相光　　大金毫相光

경운호상광과 **대경운호상광**이며
慶雲毫相光　　大慶雲毫相光

천륜호광과 **대천륜호광**이며
千輪毫光　　大千輪毫光

보륜호광과 **대보륜호광**이며
寶輪毫光　　大寶輪毫光

일륜호광과 **대일륜호광**이며
日輪毫光　　大日輪毫光

월륜호광과 **대월륜호광**이며
月輪毫光　　大月輪毫光

궁전호광과 대궁전호광이며
宮殿毫光　大宮殿毫光

해운호광과 대해운호광을
海雲毫光　大海雲毫光

어정문상에 방여시등호상광이 하시고 출미
於頂門上　放如是等毫相光已　出微

묘음하사 고제대중과 천룡팔부 인비인등
妙音　告諸大衆　天龍八部　人非人等

하시되 청오금일에 어도리천궁에 칭양찬탄
聽吾今日　於忉利天宮　稱揚讚歎

지장보살의 어인천중에 이익등사와 부사
地藏菩薩　於人天中　利益等事　不思

의사와 초성인사와 증십지사와 필경불퇴
議事　超聖因事　證十地事　畢竟不退

아눗다라삼먁삼보리사하라
阿耨多羅三藐三菩提事

설시어시에 회중에 유일보살마하살하시니
說是語時　會中　有一菩薩摩訶薩

명은 관세음이시라 종좌이기하사 호궤합장하여
名　觀世音　從座而起　胡跪合掌

백불언하시되 세존이시여 시지장보살마하살
白佛言　　　 世尊　　 是地藏菩薩摩訶薩

이 구대자비하사 연민 죄고중생하여 어천만
　 具大慈悲　　 憐愍　罪苦衆生　　　於千萬

억세계에 화천만억신하사 소유공덕과 급
億世界　　化千萬億身　　 所有功德　 及

부사의 위신지력을 아이문세존이 여시
不思議　威神之力　 我已聞世尊　 與十

방무량제불과 이구동음으로 찬탄지장보
方無量諸佛　 異口同音　　　讚歎地藏菩

살하오니 운하사과거현재미래제불이 설기
薩　　　 云何使過去現在未來諸佛　 說其

공덕하여도 유불능진이닛고 향자에 우몽세존
功德　　　 猶不能盡　　　 向者　 又蒙世尊

이 보고대중하시되 욕칭양지장이익등사하시
　 普告大衆　　　 欲稱揚地藏利益等事

오니 유원세존이시여 위현재미래일체중생하
　　 唯願世尊　　　 爲現在未來一切衆生

사 칭양지장부사의사하시와 영천룡팔부로
　 稱揚地藏不思議事　　　 令天龍八部

제12장 보고 들어서 이익을 얻는 품 ··· 357

첨례획복케 하소서
瞻 禮 獲 福

불고관세음보살하시되 **여어사바세계**에 **유**
佛 告 觀 世 音 菩 薩　　汝 於 娑 婆 世 界　　有

대인연하여 **약천약룡**과 **약남약녀**와 **약신**
大 因 緣　　若 天 若 龍　　若 男 若 女　　若 神

약귀와 **내지육도죄고중생**이 **문여명자**와
若 鬼　　乃 至 六 道 罪 苦 衆 生　　聞 汝 名 者

견여형자와 **연모여자**와 **찬탄여자**는 **시제**
見 汝 形 者　　戀 慕 汝 者　　讚 歎 汝 者　　是 諸

중생이 **실어무상도**에 **필불퇴전**하여 **상생**
衆 生　　悉 於 無 上 道　　必 不 退 轉　　常 生

인천하고 **구수묘락**하여 **인과장숙**하면 **우불**
人 天　　具 受 妙 樂　　因 果 將 熟　　遇 佛

수기하리니 **여금**에 **구대자비**하여 **연민중생**과
授 記　　汝 今　　具 大 慈 悲　　憐 愍 衆 生

급천룡팔부하여 **욕청오**의 **선설지장보살**
及 天 龍 八 部　　欲 聽 吾　　宣 說 地 藏 菩 薩

부사의이익지사하니 **여당체청**하라 **오금설**
不 思 議 利 益 之 事　　汝 當 諦 聽　　吾 今 說

지하리라
之

관세음께서 언하시되 유연세존이시여 원요욕문
觀世音   言   唯然世尊   願樂欲聞

하나이다 불고관세음보살하시되 미래현재제
     佛告觀世音菩薩   未來現在諸

세계중에 유천인이 수천복진하여 유오쇠
世界中 有天人 受天福盡   有五衰

상이 현하여 혹유타어악도지자라도 여시천
相 現   或有墮於惡道之者   如是天

인의 약남약녀당현상시하여 혹견지장보
人 若男若女當現相時   或見地藏菩

살형상커나 혹문지장보살명하고 일첨일례
薩形像   或聞地藏菩薩名   一瞻一禮

하면 시제천인이 전증천복하여 수대쾌락하고
   是諸天人 轉增天福   受大快樂

영불력삼악도보하리니 하황견문보살하고 이
永不歷三惡道報   何況見聞菩薩   以

제향화의복음식과 보패영락으로 보시공
諸香華衣服飲食 寶貝瓔珞   布施供

제12장 보고 들어서 이익을 얻는 품 … 359

양하면 소획공덕복리는 무량무변하리라
養　　所獲功德福利　　無量無邊

부차 관세음이여 약미래현재 제세계중에
復次　觀世音　　若未來現在　諸世界中

육도중생이 임명종시에 득문지장보살명
六道衆生　臨命終時　　得聞地藏菩薩名

하되 일성이라도 역이근자는 시제중생이 영불
　　　一聲　　　歷耳根者　　是諸衆生　永不

력 삼악도고하리니 하황임명종시에 부모
歷　三惡道苦　　　何況臨命終時　　父母

권속이 장시명종인의 사택재물과 보패의
眷屬　　將是命終人　舍宅財物　　寶貝衣

복으로 소화지장형상커나 혹사병인 미종
服　　　塑畵地藏形像　　　或使病人　未終

지시에 혹안견이문하여 지도권속이 장사
之時　　或眼見耳聞　　　知道眷屬　　將舍

택보패등하여 위기자신하여 소화지장보살
宅寶貝等　　　爲其自身　　塑畵地藏菩薩

형상하면 시인이 약시업보로 합수중병자라
形像　　是人　　若是業報　合受重病者

도 **승사공덕**하여 **심즉제유**하고 **수명**이 **증익**
承 斯 功 德　　尋 卽 除 愈　　壽 命　增 益

하며 **시인**이 **약시업보명진**하여 **응유일체죄**
是 人　　若 是 業 報 命 盡　　應 有 一 切 罪

장업장으로 **합타악취자**라도 **승사공덕**하여
障 業 障　　合 墮 惡 趣 者　　承 斯 功 德

명종지후에 **즉생인천**하여 **수승묘락**하고 **일**
命 終 之 後　　卽 生 人 天　　受 勝 妙 樂　　一

체죄장은 **실개소멸**하리라
切 罪 障　　悉 皆 消 滅

부차 관세음보살이여 **약미래세**에 **유남자**
復 次　觀 世 音 菩 薩　　若 未 來 世　有 男 子

여인이 **혹유포시**어나 **혹삼세오세**와 **십세**
女 人　　或 乳 哺 時　　或 三 歲 五 歲　　十 歲

이하에 **망실부모**커나 **내급망실 형제자매**
已 下　　亡 失 父 母　　乃 及 亡 失 兄 弟 姊 妹

하고 **시인**이 **년기장대**하여 **사억부모**와 **급제**
是 人　　年 旣 長 大　　思 憶 父 母　　及 諸

권속하여 **부지락재하취**하며 **생하세계**하며
眷 屬　　不 知 落 在 何 趣　　生 何 世 界

제12장 보고 들어서 이익을 얻는 품 ··· 361

생하천중인가하여 시인이 약능소화 지장보
生何天中　　　　是人　若能塑畵　地藏菩

살형상커나 내지문명하고 일첨일례커나 일
薩形像　　乃至聞名　　一瞻一禮　　一

일지칠일토록 막퇴초심하고 문명견형하여
日至七日　　莫退初心　　聞名見形

첨례공양하면 시인권속이 가인업고로 타
瞻禮供養　　是人眷屬　假因業故　　墮

악취자 계당겁수라도 승사남녀형제자매
惡趣者　計當劫數　　承斯男女兄弟姉妹

소화지장형상하여 첨례공덕으로 심즉해탈
塑畵地藏形像　　瞻禮功德　　尋即解脫

하고 생인천중하여 수승묘락하리며 시인의 권
　　生人天中　　受勝妙樂　　　是人　眷

속이 여유복력하여 이생인천하여 수승묘락
屬　如有福力　　已生人天　　受勝妙樂

자는 즉승사공덕하여 전증성인하고 수무량
者　即承斯功德　　轉增聖因　　受無量

락하리니 시인이 갱능삼칠일중에 일심첨례
樂　　　是人　更能三七日中　　一心瞻禮

지장보살형상(地藏菩薩形像)하여 염기명자(念其名字)하되 만어만편(滿於萬遍)하면 당득보살(當得菩薩)이 현무변신(現無邊身)하여 구고시인권속(具告是人眷屬)이 생계(生界)하리며 혹어몽중(或於夢中)에 보살(菩薩)이 현대신력(現大神力)하여 친령시인(親領是人)하여 어제세계(於諸世界)에 견제권속(見諸眷屬)하리며 갱능매일(更能每日)에 염보살명천편(念菩薩名千遍)하여 지우천일(至于千日)하면 시인(是人)은 당득보살(當得菩薩)이 견소재토지귀신(遣所在土地鬼神)하여 종신위호(終身衛護)하며 현시(現時)에 의식(衣食)이 풍일(豊溢)하고 무제질고(無諸疾苦)하며 내지횡사(乃至橫事)를 불입기문(不入其門)케 하거든 하황급신(何況及身)이리오 시인(是人)이 필경(畢竟)에 득보살(得菩薩)의 마정수기(摩頂授記)하리라

부차 관세음보살이여 약미래세에 유선남
復次 觀世音菩薩　若未來世　有善男

자 선녀인이 욕발광대자심하여 구도일체
子 善女人　欲發廣大慈心　救度一切

중생자와 욕수무상보리자와 욕출리삼계
衆生者　欲修無上菩提者　欲出離三界

자는 시제인등이 견지장형상하며 급문명
者　是諸人等　見地藏形像　及聞名

자 지심귀의커나 혹이향화의복과 보패음
者 至心歸依　或以香華衣服　寶貝飮

식으로 공양첨례하면 시선남녀등의 소원이
食　供養瞻禮　是善男女等　所願

속성하여 영무장애하리라
速成　永無障礙

부차 관세음이여 약미래세에 유선남자 선
復次 觀世音　若未來世　有善男子 善

녀인이 욕구 현재미래 백천만억등원과
女人　欲求 現在未來 百千萬億等願

백천만억등사어든 단당 귀의첨례 공양
百千萬億等事　但當　歸依瞻禮　供養

찬탄 지장보살형상하면 여시소원소구를
讚歎 地藏菩薩形像　如是所願所求

실개성취하리며 부원지장보살이 구대자비
悉皆成就　復願地藏菩薩　具大慈悲

하사 영옹호아하면 시인이 어면몽중에 즉득
永擁護我　是人　於眠夢中　卽得

보살의 마정수기하리라
菩薩　摩頂授記

부차 관세음보살이여 약미래세에 선남자
復次 觀世音菩薩　若未來世　善男子

선녀인이 어대승경전에 심생진중하여서 발
善女人　於大乘經典　深生珍重　發

부사의심하여 욕독욕송하며 종우명사하여
不思議心　欲讀欲誦　縱遇明師

교시령숙하여도 선독선망하여 동경년월하되
教示令熟　旋讀旋忘　動經年月

불능독송하나니 시선남녀등이 유숙업장하여
不能讀誦　是善男女等　有宿業障

미득소제고로 어대승경전에 무독송성하니
未得消除故　於大乘經典　無讀誦性

여시지인이 문지장보살명하며 견지장보
如是之人　　聞地藏菩薩名　　見地藏菩

살상하고 구이본심으로 공경진백하며 갱이
薩像　　具以本心　　恭敬陳白　　更以

향화 의복음식과 일체완구로 공양보살하
香華 衣服飮食　　一切玩具　　供養菩薩

고 이정수일잔으로 경일일일야하여 안보살
　以淨水一盞　　經一日一夜　　安菩薩

전연후에 합장청복하되 회수향남하고 임입
前然後　合掌請服　　廻首向南　　臨入

구시에 지심정중하여 복수즉필하고 신오신
口時　至心鄭重　　服水卽畢　　愼五辛

주식과 사음망어와 급제살생을 일칠일 혹
酒食　邪淫妄語　　及諸殺生　　一七日 或

삼칠일하면 시선남자 선녀인이 어수몽중에
三七日　是善男子 善女人　　於睡夢中

구견지장보살이 현무변신하여 어시인처에
具見地藏菩薩　現無邊身　　於是人處

수관정수하리니 기인이 몽각하면 즉획총명하
授灌頂水　　其人　夢覺　　卽獲聰明

여 **응시경전**을 **일력이근**하면 **즉당영기**하여
應是經典　一歷耳根　卽當永記

갱불망실 일구일게하리라
更不忘失　一句一偈

부차 관세음보살이여 **약미래세**에 **유제인**
復次　觀世音菩薩　若未來世　有諸人

등이 **의식**이 **부족**하여 **구자괴원**하며 **혹다질**
等　衣食　不足　求者乖願　或多疾

병하며 **혹다흉쇠**하여 **가택**이 **불안**하고 **권속**이
病　或多凶衰　家宅　不安　眷屬

분산하며 **혹제횡사 다래오신**하고 **수몽지**
分散　或諸橫事　多來忤身　睡夢之

간에 **다유경포**어든 **여시인등**이 **문지장명**커
間　多有驚怖　如是人等　聞地藏名

나 **견지장형**하고 **지심공경**하여 **염만만편**하면
見地藏形　至心恭敬　念滿萬遍

시제 불여의사 점점소멸하여 **즉득안락**하
是諸不如意事　漸漸消滅　卽得安樂

고 **의식**이 **풍일**하며 **내지수몽중**에도 **개실안**
衣食　豊溢　乃至睡夢中　皆悉安

락하리라
樂

부차 관세음보살이여 **약미래세**에 **유선남자**
復次 觀世音菩薩　　若未來世　　有善男子

선녀인이 **혹인치생**하며 **혹인공사**하며 **혹인**
善女人　　或因治生　　或因公私　　或因

생사하며 **혹인급사**하여 **입산림중**커나 **과도**
生死　　或因急事　　入山林中　　過渡

하해와 **내급대수**커나 **혹경험도**할새 **시인**이
河海　　乃及大水　　或經險道　　是人

선당념 지장보살명만편하면 **소과토지귀**
先當念 地藏菩薩名萬遍　　所過土地鬼

신이 **위호**하여 **행주좌와**에 **영보안락**하며 **내**
神　　衛護　　行住坐臥　　永保安樂　　乃

지봉어호랑사자와 **일체독해**하여도 **불능손**
至逢於虎狼獅子　　一切毒害　　不能損

지하리라
之

불고 관세음보살하시되 **시지장보살**이 **어**
佛告 觀世音菩薩　　是地藏菩薩　　於

염부제에 **유대인연**하니 **약설 어제중생**에
閻浮提　有大因緣　　若說　於諸衆生

견문이익등사인데 **백천겁중**에 **설불능진**하
見聞利益等事　　百千劫中　說不能盡

리라 **시고**로 **관세음**이여 **여이신력**으로 **유포**
　是故　　觀世音　　汝以神力　　流布

시경하여 **영사바세계중생**으로 **백천만겁**에
是經　　令娑婆世界衆生　　百千萬劫

영수안락케하라
永受安樂

이시세존께서 **이설게언**하시되
爾時世尊　　而說偈言

오관지장위신력하니 **항하사겁설난진**이라
吾觀地藏威神力　　恒河沙劫說難盡

견문첨례일념간하면 **이익인천무량사**하리라
見聞瞻禮一念間　　利益人天無量事

약남약녀약용신이 **보진응당타악도**라도
若男若女若龍神　　報盡應當墮惡道

지심귀의대사신하면 **수명전증제죄장**하리라
至心歸依大士身　　壽命轉增除罪障

소실부모은애자하고 미지혼신재하취하며
少失父母恩愛者 未知魂神在何趣

형제자매급제친을 생장이래개불식하여
兄弟姉妹及諸親 生長以來皆不識

혹소혹화대사신하고 비련첨례부잠사하여
或塑或畵大士身 悲戀瞻禮不暫捨

삼칠일중염기명하면 보살당현무변체하여
三七日中念其名 菩薩當現無邊體

시기권속소생계하고 종타악취심출리하며
示其眷屬所生界 縱墮惡趣尋出離

약능불퇴시초심하면 즉획마정수성기하리라
若能不退是初心 卽獲摩頂授聖記

욕수무상보리자와 내지출리삼계고인댄
欲修無上菩提者 乃至出離三界苦

시인기발대비심하여 선당첨례대사상하면
是人旣發大悲心 先當瞻禮大士像

일체제원속성취하여 영무업장능차지하리라
一切諸願速成就 永無業障能遮止

유인발심념경전하여 욕도군미초피안할새
有人發心念經典 欲度群迷超彼岸

수립시원부사의하여도 선독선망다폐실은
雖立是願不思議　旋讀旋忘多廢失

사인유업장혹고로 어대승경불능기하나니
斯人有業障惑故　於大乘經不能記

이향화의복음식과 제완구공양지장하고
以香華衣服飮食　諸玩具供養地藏

이정수안대사전하여 일일일야구복지하되
以淨水安大士前　一日一夜求服之

발은중심신오신과 주육사음급망어하며
發殷重心愼五辛　酒肉邪淫及妄語

삼칠일내물살생하고 지심사념대사명하면
三七日內勿殺生　至心思念大士名

즉어몽중견무변하고 각래변득이안이하여
卽於夢中見無邊　覺來便得利眼耳

응시경교력이문하면 천만생중영불망하리니
應是經敎歷耳聞　千萬生中永不忘

이시대사부사의로 능사사인획차혜하리라
以是大士不思議　能使斯人獲此慧

빈궁중생급질병과 가택흉쇠권속리하며
貧窮衆生及疾病　家宅凶衰眷屬離

수몽지중실불안하고 구자괴위무칭수라도
睡夢之中悉不安 求者乖違無稱遂

지심첨례지장상하면 일체악사개소멸하고
至心瞻禮地藏像 一切惡事皆消滅

지어몽중진득안하며 의식풍요귀신호하리라
至於夢中盡得安 衣食豊饒鬼神護

욕입산림급도해하여도 독악금수급악인과
欲入山林及渡海 毒惡禽獸及惡人

악신악귀병악풍과 일체제난제고뇌라도
惡神惡鬼幷惡風 一切諸難諸苦惱

단당첨례급공양을 지장보살대사상하면
但當瞻禮及供養 地藏菩薩大士像

여시산림대해중도 응시제악개소멸하리라
如是山林大海中 應是諸惡皆消滅

관음지심청오설하라 지장무량부사의를
觀音至心聽吾說 地藏無量不思議

백천만겁설부주하리니 광선대사여시력하라
百千萬劫說不周 廣宣大士如是力

지장명자인약문커나 내지견상첨례자는
地藏名字人若聞 乃至見像瞻禮者

향화의복음식봉하고 **공양백천수묘락**하리니
香華衣服飮食奉　　供養百千受妙樂

약능이차회법계하면 **필경성불초생사**하리니
若能以此廻法界　　畢竟成佛超生死

시고관음여당지하여 **보고항사제국토**하라
是故觀音汝當知　　普告恒沙諸國土

촉루인천품 제십삼
囑累人天品 第十三

이시에 세존께서 거금색비하사 우마지장보
爾時 世尊 擧金色臂 又摩地藏菩

살마하살정하시고 이작시언하시되 지장지장
薩摩訶薩頂 而作是言 地藏地藏

이여 여지신력이 불가사의며 여지자비가 불
汝之神力 不可思議 汝之慈悲 不

가사의며 여지지혜가 불가사의며 여지변
可思議 汝之智慧 不可思議 汝之辯

재가 불가사의라 정사시방제불이 찬탄선
才 不可思議 正使十方諸佛 讚歎宣

설 여지부사의사하여도 천만겁중에 불능
說 汝之不思議事 千萬劫中 不能

득진하리라
得盡

지장지장이여 기오금일에 재도리천중하여
地藏地藏　　記吾今日　　在忉利天中

어백천만억 불가설 불가설 일체제불
於百千萬億　不可說　不可說　一切諸佛

보살 천룡팔부 대회지중에 재이인천 제
菩薩　天龍八部　大會之中　在以人天　諸

중생등이 미출삼계하여 재화택중자를 부
衆生等　未出三界　　在火宅中者　　付

촉어여하노니 무령시제중생으로 타악취중에
囑於汝　　　無令是諸衆生　　　墮惡趣中

일일일야케함이어든 하황갱락오무간과 급아
一日一夜　　　　何況更落五無間　　及阿

비지옥하여 동경천만억겁하여도 무유출기오
鼻地獄　　動經千萬億劫　　　無有出期

지장이여 시남염부제중생이 지성이 무정하
地藏　　是南閻浮提衆生　　志性　無定

여 습악자다하고 종발선심하여도 수유즉퇴하
　習惡者多　　　縱發善心　　　須臾卽退

며 **약우악연**하면 **염념증장**하나니 **이시지고**로
若遇惡緣　念念增長　　以是之故

오분시형 백천억하여 **화도**하되 **수기근성**하
吾分是形 百千億　　化度　　隨其根性

여 **이도탈지**하나니 **지장**이여 **오금**에 **은근**히 이
而度脫之　　地藏　吾今　殷勤 以

천인중을 **부촉어여**하노니 **미래지세**에 **약유**
天人衆　付囑於汝　　未來之世　若有

천인 급선남자 선녀인이 **어불법중**에 종
天人 及善男子 善女人　於佛法中　種

소선근하되 **일모일진**이며 **일사일제**라도 여
少善根　一毛一塵　　一沙一渧　　汝

이도력으로 **옹호시인**하여 **점수무상**하여 물
以道力　擁護是人　漸修無上　勿

령퇴실케하라
令退失

부차 지장이여 **미래세중**에 **약천약인**이 수
復次 地藏　未來世中　若天若人　隨

업보응하여 **낙재악취**하리니 **임타취중**하여 혹
業報應　落在惡趣　　臨墮趣中　或

지문수하여도 시제중생이 약능념득일불명
至 門 首　　是 諸 衆 生　　若 能 念 得 一 佛 名

커나 일보살명하며 일구일게의 대승경전커든
一 菩 薩 名　　一 句 一 偈　　大 乘 經 典

시제중생을 여이신력으로 방편구발하여 어
是 諸 衆 生　　汝 以 神 力　　方 便 救 拔　　於

시인소에 현무변신하여 위쇄지옥하고 견령
是 人 所　　現 無 邊 身　　爲 碎 地 獄　　遣 令

생천하여 수승묘락케하라 이시세존께서 이설
生 天　　受 勝 妙 樂　　爾 時 世 尊　　而 說

게언하시되
偈 言

현재미래천인중을 오금은근부촉여하노니
現 在 未 來 天 人 衆　　吾 今 慇 懃 付 囑 汝

이대신통방편도하여 물령타재제악취케하라
以 大 神 通 方 便 度　　勿 令 墮 在 諸 惡 趣

이시에 지장보살마하살께서 호궤합장하고
爾 時　　地 藏 菩 薩 摩 訶 薩　　胡 跪 合 掌

백불언하시되 세존이시여 유원세존께서는 불이위
白 佛 言　　世 尊　　唯 願 世 尊　　不 以 爲

려하소서 미래세중에 약유선남자 선녀인이
慮   未來世中   若有善男子 善女人

어불법중에 일념공경하면 아역백천방편으
於佛法中 一念恭敬   我亦百千方便

로 도탈시인하여 어생사중에 속득해탈케하리
度脫是人   於生死中   速得解脫

니 하황문제선사하고 염념수행하면 자연어
河況聞諸善事   念念修行   自然於

무상도에 영불퇴전이리다
無上道 永不退轉

설시어시에 회중에 유일보살하니 명은 허공
說是語時 會中 有一菩薩   名 虛空

장이시라 백불언하시되 세존이시여 아자지도리
藏   白佛言   世尊   我自至忉利

하여 문어여래의 찬탄지장보살의 위신세
聞於如來   讚歎地藏菩薩   威神勢

력이 불가사의하오니 미래세중에 약유선남
力 不可思議   未來世中   若有善男

자 선녀인과 내급일체천룡이 문차경전과
子 善女人   乃及一切天龍   聞此經典

급지장명자하고 혹첨례형상하면 득기종복
及地藏名字　或瞻禮形像　得幾種福

리니까 유원세존이시여 위미래현재 일체중
利　唯願世尊　爲未來現在　一切衆

등하사 약이설지하소서
等　略而說之

불고허공장보살하시되 체청체청하라 오당
佛告虛空藏菩薩　諦聽諦聽　吾當

위여하여 분별설지하리라 약미래세에 유선
爲汝　分別說之　若未來世　有善

남자 선녀인하되 견지장형상하고 급문차
男子　善女人　見地藏形像　及聞此

경하며 내지독송하고 향화음식과 의복진보
經　乃至讀誦　香華飮食　衣服珍寶

로 보시공양하고 찬탄첨례하면 득이십팔종
布施供養　讚歎瞻禮　得二十八種

이익하리니
利益

일자 천룡호념, 이자 선과일증
一者　天龍護念　二者　善果日增

삼자 집성상인, 사자 보리불퇴
三者 集聖上因 四者 菩提不退

오자 의식풍족, 육자 질역불임
五者 衣食豊足 六者 疾疫不臨

칠자 이수화재, 팔자 무도적액
七者 離水火災 八者 無盜賊厄

구자 인견흠경, 십자 귀신조지
九者 人見欽敬 十者 鬼神助持

십일자 여전남신, 십이자 위왕신녀
十一者 女轉男身 十二者 爲王臣女

십삼자 단정상호, 십사자 다생천상
十三者 端正相好 十四者 多生天上

십오자 혹위제왕, 십육자 숙지명통
十五者 或爲帝王 十六者 宿智命通

십칠자 유구개종, 십팔자 권속환락
十七者 有求皆從 十八者 眷屬歡樂

십구자 제횡소멸, 이십자 업도영제
十九者 諸橫消滅 二十者 業道永除

이십일자는 거처진통이요
二十一者 去處盡通

이십이자는 **야몽안락**이요
二十二者　夜夢安樂

이십삼자는 **선망리고**요
二十三者　先亡離苦

이십사자는 **숙복수생**이요
二十四者　宿福受生

이십오자는 **제성찬탄**이요
二十五者　諸聖讚歎

이십육자는 **총명이근**이요
二十六者　聰明利根

이십칠자는 **요자민심**이요
二十七者　饒慈愍心

이십팔자는 **필경성불**이니라
二十八者　畢竟成佛

부차 허공장보살이여 약현재미래 천룡
復次　虛空藏菩薩　　若現在未來　天龍

귀신이 문지장보살명호커나 예지장보살
鬼神　聞地藏菩薩名號　　禮地藏菩薩

형상커나 혹문지장보살본원등사하고 수행
形像　或聞地藏菩薩本願等事　　修行

제13장 하늘과 사람을 지장보살께 부촉하시는 품 … 381

찬탄첨례하면 **득칠종이익**하리니
讚歎瞻禮　　　得七種利益

일자는 **속초성지**요
一者　　速超聖地

이자는 **악업소멸**이요
二者　　惡業消滅

삼자는 **제불호림**이요
三者　　諸佛護臨

사자는 **보리불퇴**요
四者　　菩提不退

오자는 **증장본력**이요
五者　　增長本力

육자는 **숙명개통**이요
六者　　宿命皆通

칠자는 **필경성불**이니라
七者　　畢竟成佛

이시에 **시방일체제여래 불가설 불가설**
爾時　十方一切諸如來　不可說 不可說

일체제불과 **급대보살**과 **천룡팔부**가 **문석**
一切諸佛　　及大菩薩　　天龍八部　　聞釋

가모니불의 칭양찬탄 지장보살 대위신
迦牟尼佛 稱揚讚歎 地藏菩薩 大威神

력 불가사의하시옵고 탄미증유하시다 시시
力 不可思議 歎未曾有 是時

도리천에 우무량향화와 천의주영하여 공
忉利天 雨無量香華 天衣珠纓 供

양석가모니불과 급지장보살이하오며 일체
養釋迦牟尼佛 及地藏菩薩已 一切

중회가 구부첨례하시옵고 합장이퇴하니라
衆會 俱復瞻禮 合掌而退

영 험 록

1. 부처님을 친견하고 출가하다

2. 관음보살께서 화엄경을 주시다

3. 무작무위(無作無位)의 가르침

4. 관음보살께서 기도처를 일러주시다

5. 지옥의 참상을 보여 주시다

6. 지장보살의 통곡

부처님을 친견하고 출가하다

시방삼세의 제불보살님이시여!
부처님께옵서는 우주법계에 충만하시어
중생들의 간절한 부름에 따라 법신을
나투시옵고 크나크신 중생구제의 원력과
대자비로 만생명들에게 사랑과
행복을 주시옵니다.

어리석은 소납(小衲)을 제도하시고자 베풀어 주신
끝없는 사랑과 자상하신 자비로움을
많은 이들이 불법을 이해하는데 있어
도움이 되도록 하고자 하옵니다.
친히 증명하소서!

시방의 부처님께 목숨바쳐 귀의하옵니다.
부처님의 가르침에 목숨바쳐 귀의하옵니다.
시방의 보살승께 목숨바쳐 귀의하옵니다.

　열 아홉살 때 겨울 어느날(1976년 12월) 부모님께서 평소 참배하셨던 하남시 금단산의 석은암이라는 절에 얼마간 머물게 되었습니다. 산정상을 한번 돌아오리라 산 중턱쯤 갔다가 평풍같이 반듯한 커다란 바위를 보았는데, 바위 윗 쪽의 노송이 아래로 드리우고 있는 좋은 곳이었습니다.
문득 머리에 스치는 것이 있었습니다.

암자로부터 근 100여미터 높은 곳에 위치한 이곳에서 "기도를 해보자"라는 생각이 들었습니다. 어느 누가 권하지도 아니한, 그것도 기도라는 것이 무엇인지, 어떻게 해야 하는 것인지도 모르는 채, 갑자기 어떤 마음을 일으켜 그와 같은 행동을 하게 되었는지는 내 자신도 모를 만큼 무언가 모르게 불보살님께 접근해 가고 있는 것 같았습니다.

곧바로 바위 아래 편편한 반석들을 옮겨서 단을 만들어 놓고 절에도 말씀드려 향로와 다기를 마련했습니다.

순수히 부처님을 향한 일념과 믿음으로 불경을 한 장 한 장 넘겨가며 예불과 경문을 모신 후 마음속의 소원을 드렸습니다. 그 소원은 일체 중생들이 속히 부처님께 귀의하여 괴로움의 바다에서 벗어나기를 발원한 것이었습니다.

비록 삭발염의 한 것도 아니요, 계를 받지도 아니한 초발심 불자이지만 "오직 나의 스승은 부처님이시다"라고 생각했고, 수계를 아니해도 이미 마음으론 "나는 부처님의 제자"라고 굳혔습니다. 매사를 부처님을 의지하여 생각하고 행동하니 마음도 차츰 고요함을 느끼게 되었습니다. 꾸밈없이 믿는 마음으로 한겨울의 맑고 차가운 공기 속에서 커다란 바위를 앞에 놓고 목탁소리를 반주삼아 염불하니 마음속 깊이 희열이 가득했습니다.

어느 날 새벽 온통 눈덮힌 산중, 눈 속 수북한 낙엽 끌어모아 방석삼고 무릎 꿇어 향불 밝히고 예경 염불하였습니다. 온 몸이 얼어버릴 것 같은 추위이건만, 마음만은 상쾌했습니다. 이렇게 꾸준히 조석으로 올라가 보름간 하게 되었습니다.

마침내 지성이면 감천이라는 말이 현실이 되었습니다. 나의 평생에 다시는 이와 같이 기쁘고 감격스럽고 영광스런 날은 과거에도 미래에도 없을 것 같은 날이 새벽 1시경 실현되었습니다.

몽중에 소납이 석은암 방에 있었는데 세분의 부처님께서 오셨습니다. 공중에서 어느 누가 이르기를, "네 앞에 계신 분이 극락세계 부처님이시니라"는 말씀이 우렁차게 들리는 것이었습니다. 곧이어 부처님께서 하시는 말씀이, "이제는 절을 받아야지"하시면서 나의 앞에 단정히 정좌하셨습니다. 순간, 형언할 수 없이 치솟는 환희심으로 부처님께 오체투지 예배를 올리어 마치니 잠시 후 세분 부처님께서는 아무 말씀 없이 밖으로 나가시어 계셨습니다.

그런데 세 분 중 유난히 깨끗하고 흰 옷으로 전신을 둘러 입으신 분이 오른쪽에 서 계셨는데 급히 따라 나가 땅을 덮고 있는 부드러운 흰 옷자락을 무릎 꿇고 두 손으로 꽉 움켜 잡았습니다. "저도 부처님을 따라 가겠습니다" 말씀드리고 나서 발을 보니, 급히 뛰어 나가는 바람에 신을 신지 않았습니다. 얼른 신발을 신고 돌아서니 불보살님께서는 보이지 않았습니다.

바로 꿈을 깨고나니 실로 생생한 순간이었습니다. 난생처음으로 그렇게 역력분명하게 부처님을 친견하고 부처님께서는 이 몸의 예배를 받으셨으니, 그 기쁨은 이루 말할 수 없었습니다. 가슴이 터져나갈 듯한 기쁜 감정이 허공을 채웠습니다.

이 마음 속 가득 충만한 환희, 그 기쁨은 인간으로서 느끼는 단순한 환희가 아니었습니다. 한순간에 그 모든 것이 이루어진 크나큰 정신적 성취였습니다. 이 꿈은 꿈이 아닌 실제이기 때문입니다. 오로지 순수하게 부처님을 향한 믿음으로 성취한 것이기 때문입니다. 부처님이라는 위대하신 분께서 실제로 존재하심을 열아홉에 스스로 체험했기 때문입니다.

소납은 새벽에 또다시 올라가서 예경을 올리고 내려왔습니다. 간밤의 경이로운, 생생한 꿈의 사실을 그곳에 계신 분께 말씀드렸더니, "너의 지극한 마음이 하늘에 닿았다. 훌륭하구나, 훌륭하구나." 하셨습니다.

기도가 무엇인지, 어떻게 하는 것인지 전혀 모르면서도 그저 꾸밈없이 순수하게 부처님을 향하길 보름간, 온 몸이 얼어붙을 한겨울 새벽 산속 바위 앞의 염불기도, 그 시간은 내 생애 최고의 시간이요, 헛되지 않았습니다. 내 어린 마음 속 깊이 아로새겨진 부처님의 현신을 이후로도 계속된 불보살님 친견과 가르침으로 나의 정신 속을 부처님 세계로 채워갔습니다.

당시는 꿈속의 세 분이 어느 분이신지 자세히 알 수 없었으나, 이후 흰옷 입고 계신 분이 관세음보살이시란 걸 알게 되었고, 가운데 계셨던 분은 아미타불이셨으며, 왼쪽에 계신 분은 대세지보살이셨음을 알게 되었습니다.

나의 신심은 더욱 견고해졌고, 누가 이 마음을 흩어버릴 수 없었습니다. 눈에 보이고 귀에 들리는 모든 현상들이 참다운 실체가 아니란 걸 깊이 이해하고 나니, 오직 가야할 길은 부처의 길, 곧 진리의 길이었습니다. 그 길은 출가승이 되어 유·무와 시·공을 초월한 넓고도 넓은 세계에서, 영원무궁토록 대자유의 법계에 노니는 것이었습니다.

시원하고 감미로운 청풍(淸風)과 맑은 공기
진리를 노래하는 산새들, 벗이 되고
세간의 진애 물지 아니한 청정함으로
무지(無智)의 중생을 일깨워주시네.

희어 눈부신 청량월, 허공을 비추시니
맑은 한 밤의 고요함, 만상(萬相)이 쉬었구나.
부동적적(不動寂寂)한 한 없는 경계
부처님의 큰 깨달음 그대로 보여주시네.

억만년토록 변함없는 청산(靑山)이시여!
계곡물 푸른 산 부처님의 전신(全身)이시네.

극락세계 삼존불을 친견한 후 다른 일로 더 이상 산중기도를 하지 않았으나 마음속은 늘 부드럽고 우아한 흰 옷 입으신 백의 관세음 보살님께서 자리해 계셨습니다. 서울집에 있을 때도, 밖을 다닐 때도, 절에 있을 때도 늘 관세음보살님과 함께 하였습니다.

그러다가 얼마 지나지 않아서 다시 부처님을 친견하게 되었습니다. 웬일인지 스님들과 똑같은 복장을 하고 있는 것이었습니다. 삭발한 차림에 긴 장삼과 대가사를 수하고, 목과 손목에는 염주와 단주가 걸려져 있고, 손에는 목탁이 잡혀져 있었습니다. 그리고는 큰 산의 꼭대기로 올라갔습니다.

넓은 상봉에 커다란 법당이 있어 들어가니 큰 법당 중앙에 아미타불 관세음보살 대세지보살께서 단정히 앉아계셨고, 양 옆으로 대보살님들께서 나란히 서서 계셨습니다. 환희심이 샘솟아 뛸 듯이 기뻐하면서 부처님전에 예를 다하여 오체투지 절을 올렸습니다.

"전생에 스님이었던 것인가? 이번엔 완전한 스님의 모습을 갖추고 산 정상에서 불보살님을 뵈었으니".

측근의 사람에게 이 생생한 꿈을 말씀드렸더니 "반드시 출가입산해서 스님 될 꿈이다"라고 했습니다. 전혀 생각지 않았던 스님 복장을 갖춘 꿈을 계기로 이젠 마음속으론 그 무엇도 생각할 것이 없었습니다. 오히려 어서 빨리 큰 절로 들어가 스님이 되고 싶었습니다. 절에 계시는 스님네 모습을 생각하면 더욱 좋았고, 스님들께서 너무도 숭고스런 존재로 여겨졌습니다.

초발심 시절 "스님"은 동경의 대상이셨습니다.

늘 언제고 부처님을 생각했습니다. 관세음보살님을 향한 이 마음은 더 하였습니다. 자주자주 부처님과 관세음보살님을 뵈었습니다. 아니 불보살님과 늘 같이 있었습니다.

어느 때 몽중에 깊은 산사를 찾아갔습니다. 이번 역시 깨끗하고 우아한 흰 옷을 입고 계신 관세음보살께서 홀로 앉아계셨습니다. 그런데 관세음보살 주위가 금빛으로 방광하시므로 보살님 앞에 나아가 호궤합장하고 법문해주시길 청하였습니다. "원컨대 법문 한 말씀 주옵소서"하고 말씀 올리니, 관세음보살님께서 이르시길, "거북이가 느리지 않느냐…… 법문 끝났다." 하시며 더 말씀이 없으셨습니다. 스스로 생각하길, "서두는 일 없이 꾸준히 꾸준히 흐르는 물처럼 끊임없이 정진하라"는 뜻으로 받아들였습니다.

화엄경 입법계품에, 보현보살께서 열가지 크나큰 행원 가운데 선재동자에게 말씀 주시길, "만 허공 중생을 제도하기 위해 보살은 마땅히 대비심으로 중생을 따라줌으로 고락을 함께 하신다. 보살은 이같이 중생을 따라주니, 허공계가 다하면 나의 중생 따라 줌도 다할 것이지만, 허공계와 중생계가 다 할 수 없기에 나의 중생구제는 영원히 끝나지 않는다"고 하신 것처럼, 중생구제라는 머나먼 길로 들어선 대발심 수행자는 급히 서둔

다 해서 중생구제가 끝나는 것이 아니니, 허공 같은 세월을 중생과 함께 하며 영원히 중생 곁을 떠날 수 없는, 부처님의 심부름을 당부받은 사람이기 때문이라 생각하였습니다.

또 얼마 후 부처님을 뵈었습니다. 법당 안으로 들어갔는데 웬일인지 다섯 분의 불보살님께서 상단 아래로 내려앉아 계셨습니다.

석가모니 부처님 앞에 나아가 절 올리고 무릎 꿇고 앉으니 경문 한 권을 펴 보여주셨는데, 자세히 들여다보니 범서(梵書: 인도글자)여서 무슨 내용인지 알 수가 없었습니다. 잠시 후 석가모니 부처님께서 경전을 접어 거두시는 것이었습니다. 너무나도 친절하시고 자상하신 모습이셨습니다.

암자에 있었던 근 일년 간, 틈틈이 불경을 접하고 신심을 북돋워 인생의 덧없음과 만물의 견고하지 못함을 깊이 느끼는 계기가 되었습니다.

"가없는 허공계에 원인과 조건이라는 인연에 따라 나타난 우주만유는 그대로 뜬 구름 같은 존재들 아닌가! 있다라고 여겨서 있는 것도 아니요, 없다라고 여겨서 없는 것도 아니니 무엇을 기준삼아 있다 없다 할 수 있으리! 보이고 들리는 현상들이 실제로 있는 것이 아니라 단지 중생 의식 속의 있음과 없음 뿐인 것을!"

법계의 중생들이 진리를 깨닫지 못하고 현상계에 미혹하여 받는 괴로움은 끝이 없기에, 자비의 배로서 모든 중생을 삼계(三界)의 화택(火宅)으로부터 다시는 괴로움이 없는 극락정토에 인도하는 일대사업은, 진정 중생 구제의 선봉장이신 문수, 보현, 관음, 지장보살 같은 분들처럼 되어야하기 때문이다 생각했습니다.

옛사람이 말씀하시길,
"세상 사람이여!
욕망을 쫓아 즐거워하는 자여!
알지 못하는구나. 즐거움 자체가
괴로움의 씨앗이 된다는 것을!"

하였듯, 태허공속 모래알같은 세계가 무엇이고 어떤것인지 분명히 깨달아야 합니다.

그러는 가운데 어느 날(1977년 초겨울) 백의 관세음보살님께서 흰 종이에 글씨를 써 주시면서 "영남으로 가라" 하셨습니다. 이제 출가하거라. 너의 길로 걸어가라는 확연한 느낌으로 다가왔습니다.

출가 전 부모님과 집안을 위해 집에서 삼일간 관음기도를 올렸습니다. 부모님의 건강과 집안의 평안이었습니다. 그리고

부모님께 말씀 올렸습니다. "세상사 일체가 시시때때로 변천하여 믿고 의지할 것이 없으니,

무엇을 즐기고 무엇을 기뻐하겠습니까? 눈앞에 즐겁게 펼쳐지는 모습들이 사람의 마음을 흐뭇하게 하지만 이 즐거움은 극히 짧은 시간일 뿐 영원하지 못합니다. 즐거움이 영원히 지속된다면 근심이 없을 것입니다. 그러나 즐거움 그 자체가 괴로움의 근본이 되니, 오로지 부처님의 가르침을 따라 나고 죽음의 고통을 벗어나는 것만이 가야할 길입니다. 불과 일백년도 안 되는 짧은 세월 내 이 자리의 가족들은 흔적조차 없고, 스스로 각자 지은 인연과 업을 따라갈 것입니다. 이제 저는 부처님을 따라 출가 입산하겠습니다. 반드시 불법을 성취하고 부모님과 만중생을 극락으로 인도해 드릴 것입니다"

오로지 부처님을 믿고 의지하셔서 극락왕생 발원하실 것을 간절히 말씀드렸습니다.

출가하는 날(20세, 1977년 초겨울)
"장한 일이다. 모름지기 열심히 해서 큰 일을 성취하거라. 부디 잘 하거라." 하시며 출가를 기쁘게 허락하신 부모님의 말씀을 잊을 수 없습니다.

관음보살께서 화엄경을 주시다

신유년 여름, 그러니까 1981년 음력 7월 17일부터 7월 24일까지 합천 해인사 길상암에서 관음기도를 드렸습니다. 기도의 동기는 해인사 강원시절 사집과목을 배우고 있을 때였습니다. 자연스럽게 불자님들 여러분을 만났는데, 그분들 중 두 분 보살님은 형제자매 사이로 신심도 좋으시고 형제간 남달리 우애가 깊어보였습니다.

언니되시는 보현성보살님께서 동생 광명화보살님을 위하는 마음으로 소납과 함께 관음기도를 드렸으면 하고 청하였습니다. 광명화 보살님이 오래전부터 어딘지 모르게 몸이 좋지 않아 불편하였기 때문이었습니다. 아무튼 광명화보살님의 병고 때문에 많은 약과 병원을 찾아도 보았고, 병 나을 갖은 노력에도 힘든 몸은 그대로였다는 것이었습니다.

이러한 자세한 말씀을 듣고 "시간을 내서 일주일 관음기도를 드려보십시다" 말씀드리고, 그해 하기 방학을 맞아서 조용한 산내 암자인 길상암에 양해를 구하고 예정대로 기도에 들어갔습니다. 마음을 가다듬어 지은 업을 남김없이 참회하고, 아울러 속히 깨달음을 얻어 광도중생할 것을 부처님전 서원하였습니다.

"나는 지금 불자님들의 기대를 안고 7일 관음기도에 임한 것이다. 20년간을 수처에서 병 나을 발원을 하고 묘방을 써 보아도 쾌차하지 않아, 또다시 부처님께 의지하고 계시니 오로지 간절히 기도 드리면 관음보살의 신묘한 가피가 계시리라.

반드시 부처님의 원력으로 쾌차되리라"는 확신을 가지고 초발심시절 친견했던 백의 관음보살님을 떠올리며 굳은 마음으로 하루하루 해 나갔습니다.

3일째 되는 날, 잠시 쉬는 시간에 광명화보살님께서 말씀하시기를 "전날에 많은 기도를 했어도 어려웠는데 저로서는 일주일이 너무 짧은 것 같습니다" 하시길래, "열심히 해 봅시다"하고는 그날 철야기도로 정진하였습니다.

"관음보살님이시여, 굽어살피소서! 저 중생을 돌아보시지 않으신다면 구제 받을 길이 없나이다. 오직 자비광명이 계시리라 확신하나이다."

무사히 7일 기도를 회향했습니다.

기도회향 3일 후 광명화보살님께서 해인사 큰절로 찾아오셨습니다. 좀 어떠시냐고 여쭈니,

기도 마친 후 집에 돌아가서 조용히 앉아 관음보살을 생각하면서 기도하니, 관음보살께서 말씀하시길 "너의 병고가 이제 나았느니라. 나는 관음이니라." 하셨다는 것입니다.

과연 기도 후 그토록 괴롭혔던 병고가 사라지고 또한 꿈이 아닌 생시에 관세음보살님의 뜻을 전해 받는 가피를 얻게 되었습니다. 광명화보살님의 말씀을 듣고 "관세음보살님께서 중생을 위해 대자비를 베푸셨습니다"하고 감사드렸습니다.

얼마 후 1981년 양력 9월 10일, 광명화보살님께서 해인사로 다시 오셨습니다. 환한 얼굴로 말씀하시길, 집에서 기도를 모셨는데 관음보살께서 말씀을 전하시더라는 것이었습니다.

"화엄경을 구입해 항순스님을 찾아가라. 항순스님과 너는 나(관음보살)만이 아는, 아주 깊은 인연이 과거생부터 있었느니라. 금생에 또 이렇게 만날 줄이야."

하시면서 "항순스님이 공부할 수 있도록 네가 마련해 주어라"라고 하셨다는 것입니다. 그래서 광명화보살님께서는 나의 뜻도 알아 보지도 않으시고 대구시내 불교전문서점 "적선사"에서 당시 40만원이나 하는 마흔일곱 권으로 된 탄허큰스님 번역본 화엄경을 5만원에 계약하시고는 계약서를 보여주시는 것이었습니다. 이 말씀을 듣고는 순간 눈물이 맺혔습니다. 꿈속이 아닌 생시에 관음보살님의 뜻을 받으시고 더욱 분명한 것은 "화엄경을 사서 항순스님에게 가라"고 하신 것입니다. 오로지 7일동안 보살님의 쾌차만을 위해 기도하는 가운데 "화엄경을 구입해야 하는데……." 이런 생각이 두어번 들었던 것 같습니다. 이듬해 경반에 올라가면 화엄경이 필요했기 때문이었는데, 관음보살님께서 소납의 마음을 살피시고 광명화보살님을 통해 화엄경을 내려주셨던 것입니다.

"대자비 관음보살님의 이 막중한 은혜, 이몸 가루가 된들 잊을 수 있겠나이까?"

아! 관세음보살 관세음보살……

무작(無作) 무위(無位)의 가르침

초발심시절부터 관음보살님의 깊은 은혜 속에 지내온 나날! 아이가 어머니 품에서 마냥 편안하게만 성장하는 것처럼 소납 또한 관음보살과 산사(山寺)라는 이상적 세계의 안락함 속에 즐거움을 가슴속에 깊이 풍요함으로 채웠습니다. 20세 때 "영남으로 가라"는 관음보살님의 말씀대로 22세부터 4년간 해인사 강원(승가대학)에서 많은 대중스님네들과 함께 큰절생활을 하게 되었습니다. 물고기가 물에서 자유롭고 새는 창공에서 활기차듯, 절집생활은 소납에게 있어 떨어질래야 떨어질 수 없는, 아니 부처님과 떨어진다는 것은 영원히 있을 수 없는 나의 정신세계이기에 평생 즐겁습니다.

해인사 승가대학 4학년 지낼 때(1982년, 25세)였습니다. 관세음보살님께서 "無作無位"라는 네글자가 씌어있는 두루마리 족자를 쭉 내려 펴 보여주셨습니다.

석가모니 부처님께서 45년간 고구정녕히 설해주신 우주법계의 실상, 팔만대장경의 가르침을 단 넉자로 함축하여 보여 가르쳐 주신 것입니다.

무작(無作)은, 마음을 일으켜 번뇌망상을 짓지 말라는 말씀입니다. 삼계의 사생육도 중생들이 받는 괴로움은 "일심"의 동요로부터 시작되니 욕망과 집착을 떠나 흔들림 없어야 함을 보이셨습니다.

무위(無位)라는 한마디의 가르침은 우주의 실상을 그대로 드러내신 말씀입니다.

법계의 만상(萬相)은 지위 고하가 없는 대평등 무차별의 진리임을 가르쳐 주셨습니다.

무작무위는 허황된 인식에서 벗어나야 한다는, 짧지만 강력한 메시지 입니다.

관음보살님으로부터 『無作無位』의 가르침을 받사옵고 게송지어 바치옵니다.

관 음 시 교 어 작 야
觀音示敎於昨夜
백의 관음보살께서 어젯밤 보여 가르쳐주셨네

무 작 무 위 시 사 자
無作無位是四字
지음도 없고 지위도 없다하신 이 네글자로세

차 외 무 법 막 추 심
此外無法莫追尋
이 넉자 외에 따로 법이 없으니 밖을 향하여 찾지 말라

운 비 겁 전 월 조 허
雲飛劫前月照虛
업의 구름은 허공밖 겁전으로 날아가
마음달만이 대천세계를 비추네

관음보살께서 기도처를 일러 주시다

해인사 승가대학 졸업 약 3개월 전(1982년 11월) 경학을 마치면 전국의 어느 좋은 기도처에 가서 100일 관음기도를 모시리라 뜻을 내고 수일간 생각하였더니, 어느날 몽중에 큰 산의 골짜기를 따라 들어갔습니다.

그런데 산 속 저만치서 상서로운 흰 구름이 꿈틀거리며 일더니 집채만한 바윗덩이 주위를 감싸 올리는 것이었습니다.

이윽고 흰 구름에 감싸여진 큰 바위가 떠올려져 서서히 전면까지 다가와 자세히 보니, 한자로 "八公山"이라는 선명한 글자가 새겨져 있었습니다.

기도할 장소를 팔공산으로 관음보살께서 분명히 보여 주신 것입니다.

쉬는 시간을 내서 팔공산 동화사 일대 산중 기도처 암자 등을 두루 찾았습니다.

기도 모실만한 적당한 곳이 보이지 않았습니다. 다시 영천 은해사 큰 절로 들어가 산내의 암자 등 기도처를 두루 찾았습니다. 산을 넘어 거조암까지 팔공산 일대를 다녔으나 쉽게 기도처를 찾지 못하자, 은해사 주차장에서 버스를 타고 나오다가 채 3분도 못돼,

"아! 바로 거기다" 전광석화처럼 기도처가 떠오르는 것이었습니다. 은해사 큰 절에서 윗쪽으로 2km 넘게 떨어진 곳에 위치해 있는, 아담하고 조용한 운부암(雲浮庵)이라는 곳이었습니다.

단아한 옛 법당에 고려말 조성된, 온 몸에 보배영락을 걸치시고 너무도 뛰어난 관음존상이 계신 곳입니다.
　분명 이곳을 지나 거조암까지 걸어 갔었는데 어찌 몰랐단 말인가!

　상서로운 흰 구름(雲)이
　바윗덩이를 감싸 들어 올려(浮)
　내게로 다가온 그 모습 자체가
　구름 운(雲) 뜰 부(浮), 운부암이었던 것입니다.
　현몽에서 보여주신 그 자체가 운부암인 것을 수일간 팔공산 일대를 찾아 헤매다 깨달았으니 중생의 지혜 없음이여!

　후일에 운부암 관음존상을 재현해 조성하여 모시고 지내게 되었으니 관음보살님의 끝없는 사랑이십니다.

지옥의 참상을 보여 주시다

　소납은 평생을 불보살님의 지대한 사랑과 은혜를 입었으며 한 중생에게 쏟아 부어주신 어머니의 연민같은 큰 자비는 진리의 품으로 들게 하셨습니다. 아미타불 관세음보살 지장보살님께 대한 믿음과 귀의는 지극합니다.

　대비 관음보살님의 위신력으로 명부(저승)세계를 보게 되었습니다. 관음보살님과 함께 있었는데 저 아랫쪽을 가르키시어 바라보니 지옥세계가 펼쳐졌습니다. 확탕지옥(鑊湯地獄 : 끓는 물에 삶기는 극심한 고통 받는 지옥)이었는데 펄펄 끓는 물속에서 부지기수의 죄인들이 극심한 고통으로 울부짖는 모습과 비명이 들려왔습니다.

　관음보살께서 말씀하시길 "무거운 죄업으로 저 속의 과보를 받는다" 하셨습니다.

　이윽고 염라청으로 내려가 염라대왕과 마주하였는데 높고 넓은 평상 앞에 관복차림의 염라왕이 중앙에 근엄히 앉아계셨고 좌우에는 금강역사와 귀졸 등 많은 권속이 서 있었습니다. 넓은 평상 앞 정면에 서서 대왕께 물었습니다.

　"죄를 지어 이곳에 오면 사(赦:용서)할 수 있습니까?" 하니 염라왕 이르시길, "안되느니라"는 단 한 마디였습니다.

　넓은 평상 위에는 문서가 높이 쌓여 있었는데 그 중 나의 성명이 적힌 문서를 펼쳐 보여주시니 이제까지 살아오면서 지냈던 낱낱의 행위가 그대로 기록되어 있었습니다.

　뒷쪽을 바라보니 끝이 보이지 않는 많은 사람들이 뒤를 이어 순서를 기다리고 있었습니다. 잠시 후 죄인 처결 장소로 갔는데 거대한 창고문이 열려지면서 그 안을 가득 채우고 있는 온갖 형벌기구가 눈 앞에 펼쳐졌습니다.

이 세상에서 본적이 없는 그런 기구들이었습니다. 그 옆쪽에 이미 생전 죄업의 경중에 따라 결정된 죄인들이 처결되고 있었습니다. 보통사람보다 훨씬 더 큰 키에 험상궂고 온 몸이 울퉁불퉁한 육중한 근육을 드러낸 금강역사 2인이 죄인의 양팔을 움켜 잡아 있고, 다른 1인의 금강역사가 왼 손에 돌 깨는 쇠정과, 오른손에 큰 쇠메를 들고 있었습니다.

곧이어 죄인의 정수리에 쇠정을 대고 오른손의 큰 쇠메로 내려치니 머리가 터지면서 솟는 붉은 피가 분수 같았습니다.

처처가 통곡소리로 울부짖는 참혹한 광경을 보고 다른 쪽으로 이동하니, 이 곳은 이미 여자 죄인을 처결하였는데 배를 난도질하여 땅바닥에 흥건한 피와 끌려나온 창자, 극심한 고통으로 앉은 채 손으로 바닥을 움켜 파고 있었습니다.

너무 고통스러워하여 위로하고자 어깨에 손을 대려하니 머리를 흔들며 가까이하지 말라는 시늉이었습니다.

여기 저기 온통 아비규환의 참상을 목도하고 비통함이 치밀어, "관세음보살님 어찌 이런 곳이 있습니까, 이런 참혹한 세계가 어찌 생겼습니까?" 통곡하였습니다.

지옥의 참상은 중생들 스스로가 악심, 악행으로 만든 세계입니다. 우주 만법의 근원인 이 마음을 잘 못쓰면 괴로움을 자초하는 도가니요, 선심하여 잘 쓰면 극락세계입니다.

허공 중에 나타난 현상계가 단지 원인과 조건에 의해 생겨난 허깨비임을 분명히 알아 욕심과 집착을 철저히 떠나야 합니다. 부처님의 세계는 끝없는 즐거움만이 있는 나라입니다. 지옥이 영원히 사라졌기 때문입니다. 텅 비어 맑은 허공같은 마음엔 그 무엇도 없습니다.

지장보살의 통곡

과거 전생에 어떠한 불연(佛緣)과 복을 지었는지 알 수 없으나 평생토록 관음보살님과 지장보살님의 넓고도 깊은 사랑을 받았습니다.

오로지 성불하여 중생을 제도하리라는 원력을 세웠던 까닭일까요?

지장보살님께서도 자애롭고도 엄한 가르치심으로 이끌어 주셨습니다. "일체 번뇌 망상을 끊어 욕망을 제어하고 혼침에 떨어지지 말라"는 당부이셨습니다.

욕망을 끊어 제어해야 한다 하심은, 이 청정한 불성(佛性:누구나 가지고 있는 부처의 성품)을 회복하려면 "부동(不動)"이라는 흔들림 없는 경계에 들어야 된다는 말씀이십니다.

인간의 의식 깊숙이 다섯가지 욕망(식욕, 색욕, 수면욕, 재물욕, 명예욕)이 자리하고 있는데, 범부의 부질없는 망정(妄情)과 삿되고 바르지 못한 습관 등이 구름 걷히듯 사라져서 밝은 태양의 마음이 드러나야 한다는 것입니다.

또 혼침(昏沈:잠)에 떨어지지 말라는 말씀은, 성불을 기약하는 수행자에게 잠을 극복하는 것이야말로 성인께서 당부하시는 제1의 가르침입니다.

다겁생래로 성불을 방해하는 것은 수마(睡魔:잠 마귀)보다 더한 것이 없기 때문입니다.

지장보살님께서 오로지 "잠"에 대해서 경각심을 주셨는데,

잠을 극복하여 영원히 깨어있는 청정불성을 회복하라는 당부입니다.

잠 자는 것 자체를 허용치 않는 지장보살님의 가르침 속에, 잠을 이기지 못하자 한 번은 지장보살님으로부터 큰 꾸지람을 받은 적이 있습니다. "잠"에 대한 벌책으로 마곡사 내원암에서 강원도 홍천까지 걸어서 갔다오라는 엄명을 받자옵고 걸어 다녀온 적이 있습니다(2009.12.23~2010.1.6까지 14일간). 잠이 얼마나 성불을 가로막는 방해꾼인지를 철저히 보여 주신 것입니다.

영겁토록 단 1초라도 혼침과 잠이 없는 완전한 깨달음, 부처의 정각(正覺)에는 오직 대광명 지혜일 뿐 어둠이 없기 때문입니다.

석가모니 부처님으로부터 도리천궁(忉利天宮)에서 지옥과 육도(六道) 중생들을 제도하라는 부촉을 받으시고 중생계가 끝나는 영원토록 중생제도하시는 지장보살이십니다.

7일을 걸어 강원도 횡성읍에 다달아 지장보살님을 친견하였는데, 지옥의 참혹한 모습에 지옥 문전 바닥에 주저 앉으시어 하늘이 무너지고 땅이 꺼질 듯한 우뢰같은 통곡을 하시는 것이었습니다.

허공을 흔드는 지장보살님의 통곡하시는 모습을 보아야 하고 들어야 합니다.

옛사람께서, "만 가지 악(惡) 가운데 음욕보다 더한 것이 없다" 하였습니다(萬惡姪爲首 만악음위수).

그러나 칠흑같은 정신적 죽음의 상태인 잠은 더욱 심합니다.

발 원 문

　시방삼세에 두루하사 항상 계시는 청정법신 비로자나(아미타) 부처님과 대자대비 관세음보살님, 대원본존 지장보살님께 우러러 고하오니 자비하신 보살피심으로 거두어 주옵소서.

　불법과의 지중한 인연으로 닦아온 바 모든 공덕을 법계에 회향(回向)하오며 재시(財施)·법시(法施)·무외시(無畏施)의 세가지 아름다운 보시행과 보시·지계·인욕·정진·선정·지혜의 여섯가지 바라밀행을 무궁토록 닦고, 장차 관음·지장보살님의 자비를 실천할 수 있도록 가피(加被)를 드리우소서.

　비로자나(아미타) 부처님의 대지혜 광명이 법계에 두루하사 법륜이 상전(常轉)하여 지상의 모든 생류와 육도(六道)의 중생들이 미혹의 굴레를 벗어나서 하루속히 깨달음의 저 언덕에 이르게 하시옵고 나라가 평안하여 국민이 안락하며 온 세계가 극락정토가 되도록 굽어 살피소서.

　이 지장경이 널리 두루하여서 만 중생이 불보살님의 가호를 입사와 몸과 입과 마음으로 지은 모든 업장이 소멸되오며 불법에 대한 신심(信心)이 더욱 견고하여 속히 정각을 이루어 법계의 모든 중생들을 피안(彼岸)으로 인도할 수 있도록 힘을 더하여 주시옵소서.

　자비하신 불보살님이시여!
　상세선망(上世先亡) 부모님과 소납(小衲)과 인연이 있었던 모든 영가님과 시방(十方)의 모든 낙태아 영가와 법계의 유주 무주 고혼과 철위산간의 오무간(五無間) 대지옥에서 무량 고통 받는 일체 함령 등이 불보살님의 가피를 입사와 삼계(三界)의 윤회 고통을 벗어나 극락세계의 상품연대(上品蓮臺)에 왕생하여이다.

영원하신 불보살님이시여!
이 지장경 인쇄출판과 지송봉행과 회향발원에 수희 동참하고, 화주·시주가 되며 바라만 보고 손끝만 스친 인연이라도 죄업이 가벼워지고 소멸되어서 장차 선근(善根)의 인연이 증장하여 필히 연화장(蓮華藏) 세계의 주인이 되게 하소서!
어리석은 이 제자 미래제(未來際)가 다하도록 관음보살의 후신(後身)이 되고 지장보살의 동체가 되어 보현보살님의 열가지 광대한 원을 행하여 중생계가 다하도록 업고(業苦) 중생을 남김없이 제도하기를 서원하오니, 아미타 부처님이시여 증명하소서! 관음·지장보살님이시여 가피(加被)하소서!

법계에 두루하신 불보살님이시여!
법계일체생류가 아미타 부처님의 장엄한 연화장 세계에 다같이 노닐게 되어 항상 불보살님을 뵈오며 부처님의 큰 광명을 받아 무량죄업을 소멸하고 대지혜를 밝혀 위없는 바른 깨달음을 얻어 제불 보살님의 수승한 대자비행 이어받아 가없는 중생 모두 제도하여이다.
마하 반야 바라밀
나무 석가모니불

지장보살이여!
만약 미래세의
선남자 선여인이
경전을 보시공양하고
탑과 절을 보수하며
어려운 이를 돕되,
이를 모두 법계에 회향하면
백천생동안 매우 수승한
즐거움을 누리리라.

만일 공덕을 가족과
자신의 이익만 위해 회향한다면
이러한 과보는
삼생(三生) 동안만의
복이 될뿐이니,
이는 만가지 복(福)중에서
하나만을 얻는것이 되느니라.

지장경

값 15,000원

초판발행 : 불기 2561(2017) (음)3월 18일 지장재일
8쇄발행 : 불기 2569(2025) (음)5월 18일 지장재일
발 행 인 : 항순스님
발 행 처 : 법 계 회 향 도 량
　　　　　충남 공주시 사곡면 운암리 산77-3
　　　　　마곡사 내원암 항순(恒順)
　　　　　　　010-3469-9663
　　　　　무위암 도상(道相)
　　　　　　　010-6392-6293

인 쇄 처 : 해양인쇄
　　　　　H·P. 010-2605-1345
　　　　　FAX. 062-434-1345
　　　　　E-mail : 35godid@naver.com

※ 법공양은 염가보시합니다.

ISBN 978-89-98170-13-4 03220